La Constitution haïtienne de 1987 est-elle un produit importé ?

Luné Roc Pierre Louis

La Constitution haïtienne de 1987 est-elle un produit importe ?

Essai sur le folklorisme médiatique

L'Harmattan

Du même auteur

Chez L'Harmattan

Mythologie positiviste et cancérisation épistémologique. Une archéologie des impostures méthodologiques avec additamentum : *Une réflexion sur la norme de référence bibliographique ISO 690 Z 44-005*, 2016

Chez d'autres éditeurs

Communication et espace public. Une reconstruction à travers l'espace public politique haïtien, Louvain-la-Neuve, Presses universitaires de Louvain, 2012

Archéologie du tragique haïtien. La reconnaissance sur la pierre tumulaire du bonapartisme, (coord. par), Port-au-Prince, Média-Texte, 2014

Habermas et Haïti. Prolégomènes à une sémantique politique, Port-au-Prince, Média-Texte, 2014

Oralité et récit médiatique. Les dédales du personnage Duvalier dans les méandres du kairos, Port-au-Prince, Média-Texte, 2015

5-7, rue de l'École-Polytechnique ; 75005 Paris

http://www.editions-harmattan.fr

ISBN : 978-2-343-15533-3

EAN : 9782343155333

In memoriam

Nikolaus HARNONCOURT

INTRODUCTION

Les menteurs, à force de mentir et de s'auto-illusionner, finissent par s'imposer leur propre mensonge pour réalité. C'est ce que rappelle Hannah Arendt en soutenant que « plus un trompeur est convainquant et réussit à convaincre, plus il a de chances de croire lui-même à ses mensonges[1] ». Dès lors, l'enjeu, poursuit-elle, est que « le dupeur qui se dupe lui-même perd tout contact, non seulement avec son public, mais avec le monde réel, qui ne saurait manquer de le rattraper, car son esprit peut l'abstraire mais non pas son corps[2] ». Tel est ce que révèlent les logomachies médiatiques des indigénistes haïtiens autour de la *Constitution de 1987* que le présent ouvrage entend cerner sous les regards typhonesques de ce que je désigne sous la notion de folklorisme médiatique.

En effet, le folklorisme médiatique est une forme symptomatique du folklorisme produit par des personnages médiatiques. Toujours faut-il reprendre Marc Lits pour son concept de personnage médiatique où « la notion de personnage s'étend à toute figure anthropomorphisée, englobant souvent animaux, et même objets ou idées[3] ». Il s'agit d'une typologie de production

---

[1] Hannah ARENDT, *Du mensonge à la violence. Essai de politique contemporaine*, traduction de Guy Durand, Paris, Calmann-Lévy, « Agora », 1972 (1969), p. 38.

[2] Hannah ARENDT, *Du mensonge à la violence. Essai de politique contemporaine*, *op.cit.*, p. 40.

[3] Marc LITS, *Du récit au récit médiatique*, Bruxelles, De Boeck, « Infocom », 2008, p. 138. Thèse déjà reprise par Luné Roc PIERRE LOUIS, cf. *Oralité et récit médiatique. Les dédales du personnage Duvalier dans les méandres du kairos*, Port-au-Prince, Média-Texte, 2015.

médiatique servant de véhicule à des illusions, des stéréotypes, des mensonges, des désillusions et des préjugés qui se trahissent sous forme de « trajectoires, avatars, fortunes et infortunes de quelques figures récurrentes du paysage médiatique[4] ».

Prima facie, le folklorisme médiatique se trahit sous les visages kaléidoscopiques de l'*illusio mediatica*, de l'illusion médiatique c'est-à-dire du faire-voir ou du faire-entendre et le cas échéant du faire-croire médiatique. Il participe de ce que j'appelle le médiapopulisme, lequel renvoie à la substantialité d'un pouvoir politique que ne scelle que le mythe du peuple claironné au travers des médias ou encore un pouvoir politique où seuls les médias en constituent le *τόπος* (*topos*). En d'autres termes, l'espace médiatique tend à devenir le seul espace pour traiter les grandes questions politiques, sociales, économiques voire culturelles, alors qu'il devrait seulement servir à en discuter et, le cas échéant, la parole médiatique, le récit médiatique, tend à s'imposer comme seule forme de légitimation possible, pour autant qu'elle cèle une hyperlabilité[5]. Celle-ci se manifeste dans une polyphémie où il s'agit de dire, de raconter, de parler le plus possible en escomptant une persuasion à prétention absolue.

Ce faisant, il appert que le folklorisme médiatique participe de l'aliénation médiatique parce qu'il induit un conformisme et une apathie qui prétendent remplacer l'engagement et l'agir responsable du citoyen devenu étranger à lui-même. Il y a aliénation parce que, d'une part, les citoyens désormais réduits à de simples individus

---

[4] Marc LITS, « Le récit médiatique : un oxymore programmatique ? », *in Le récit médiatique*, *Recherches en communication,* n°, 1997, pp. 37-39, p. 57.

[5] Cf. Luné Roc PIERRE LOUIS, *Oralité et récit médiatique. Les dédales du personnage Duvalier dans les méandres du kairos*, Port-au-Prince, Média-Texte, 2015.

se laissent emporter par la manipulation résultant du double jeu ambigu et conjugué des protagonistes du médiapopulisme, c'est-à-dire les politiciens populistes et les acteurs médiatiques qui, dans le meilleur des cas, ne défendent que des intérêts à soi contingents, mais sous le masque des intérêts de la communauté politique. Et d'autre part, ils s'illusionnent que les médias remplacent les efforts qu'ils se doivent de faire, les sacrifices qu'ils se doivent de consentir et surtout l'engagement dont ils se doivent de faire preuve.

Par conséquent, le folklorisme médiatique se métamorphose sous les divers visages de l'hydre de la xylolalie (xyloglossie) ou de la langue de bois. Dit autrement, il est l'expression d'une forme de xylolalie, si bien que je parlerai plus loin de xylolalie indigéniste en lieu et place de folklorisme médiatique. Ce qui me fera rejoindre Jean-Marc Ferry qui soutient que « dans le domaine scientifique comme dans le domaine politique, la langue de bois trahit les effets cumulés de la fausse conscience et de la mauvaise conscience, de l'illusion sur soi-même et de l'autocensure. Elle résulte d'une cancérisation idéologique du discours [...][6] ». La xylolalie renvoie donc à toute forme de perversion, de corruption et de contournement de la communication à des fins stratégiques à soi contingentes. Cynique et perverse, elle trahit, somme toute, la déréliction de soi du politique.

Mutatis mutandis, pour le sujet qui préoccupe le présent ouvrage, il convient de parler du folklorisme médiatique résultant de préjugés indigénistes et ce, selon qu'il s'agit de la logomachie du magma médiatique ou du xylostome des acteurs appartenant le plus souvent aux milieux politiques. Il est question d'acteurs politiques

---

[6] Jean-Marc FERRY, *Les puissances de l'expérience. Essai sur l'identité contemporaine. Tome II : Les ordres de la reconnaissance*, Paris, Cerf, « Passages », p. 107 *et passim*.

versés dans un populisme forcené auquel convient mieux l'attribut d'indigénistes. Le populisme étant une manifestation politique de l'indigénisme qui lui dérive du romantisme. Dans les lignes qui suivent (chapitre I), j'exposerai le phénomène indigéniste comme étant la déchéance du romantisme et le folklorisme médiatique, quant à lui, comme étant le dévoiement médiatique de l'indigénisme.

Quitte à préciser d'emblée que, plus que jamais, les médias audiovisuels et électroniques sinon les médias électronico-audiovisuels au travers de leur double jeu combien ambigu que d'ailleurs reproduisent les médias dits écrits – la presse dans son sens classique – facilitent le déferlement à tout-va des symptômes d'un folklorisme. Lesquels se trahissent par un continuum d'amalgames, d'emmêlements et de dédales de tours de passe-passe, à moins que l'on y voie des *shows* où les gens s'entendent sur la théâtralité de la mise en scène de soi. Ferry l'appellerait un « système d'auto-affirmation par procuration[7] », parce que « là, les interlocuteurs s'entendent tacitement entre eux pour une mise en valeur réciproque de chacun […] de telle sorte que chaque protagoniste puisse trouver son compte narcissique de reconnaissance de soi […][8] ». Il s'agit donc d'un véritable jeu d'échange hermétique sinon ésotérique où chaque acteur – *do ut des* – « joue de son côté le jeu consistant à présenter son vis-à-vis comme il voudrait que son vis-à-vis le présente, et comme ce dernier aurait aimé se présenter lui-même[9] ». D'où, heuristiquement, le dévoiement

[7] Jean-Marc FERRY, *Les puissances de l'expérience. Essai sur l'identité contemporaine. Tome I : Le sujet et le verbe*, Paris, Cerf, « Passages », p. 167.
[8] Jean-Marc FERRY, *Les puissances de l'expérience. Essai sur l'identité contemporaine. Tome I : Le sujet et le verbe, op. cit.*, p. 166 *et passim*.
[9] Jean-Marc FERRY, *ibidem*, pp. 166-167 *et passim*.

médiatique qui se lit le folklorisme médiatique ferait évoquer des ambiguïtés, des apories, des contradictions ou des antinomies.

Chapitre I. DE LA TRAJECTOIRE STYGIENNE DU FOLKLORISME MÉDIATIQUE

Prima facie, l'indigénisme se trahit sous la forme d'une crise et il l'est. Il est la crise du romantisme qu'il est appelé à prolonger et à entériner. Historiquement, le romantisme surgit avec le nébuleux mouvement *Sturm und Drang*[10] encore appelé la mouvance de la septentriomanie (1770[11]). D'un côté, l'on y retrouve des *Stürmer* notables dont Johann Gottfried von Herder et Johann Wolfgang von Goethe (le premier Goethe, le vrai Goethe à distinguer du Goethe vrai ou le second Goethe) en Allemagne, puis le savoyard Joseph de Maistre de l'autre. Le romantisme promeut l'enfermement sur soi en vue de la congélation d'un passé glorieux, des prouesses héroïques, des prototypes héroïques ou d'un bonheur, d'une richesse prototypique ou de tout autre préjugé. Il apologise l'enracinement dans le sol et l'adoration servile de tout événement auquel s'impute une forme quelconque de personnification. D'où le romantisme cèle les ambiguïtés d'un passéisme bon teint qui pourtant résulte d'un autoritarisme dans le plein sens du terme. Aussi Isaiah Berlin tient-il à souligner : « De là tous ces héros violents

[10] Traduction littérale : Tempête et poussée. Les adeptes du mouvement *Sturm und Drang* se disent les *Stürmer*. C'est le mot allemand que l'on garde en français, au singulier comme au pluriel.

[11] J'ai procédé ailleurs à une lecture détaillée de la séquence se rapportant au *Sturm und Drang* ou à la septentriomanie jusqu'à la vingtomanie (1920). Cf. Luné Roc PIERRE LOUIS, *Communication et espace public. Une reconstruction à travers l'espace public politique haïtien*, Louvain-la-Neuve, PUL, 2012. Puis, *Habermas et Haïti. Prolégomènes à une sémantique politique*, Port-au-Prince, Media-Texte, 2014. Ou encore *Oralité et récit médiatique. Les dédales du personnage Duvalier dans les méandres du kairos*, Port-au-Prince, Média-Texte, 2015.

– les *Kraftmenschen, Kraftschreiber, Kraftkerls, Kraftknaben* – qui défilent hystériquement à travers les pages de Klinger, Schubart, Leisewitz, Lenz et même du doux Carl Philipp Moritz ; jusqu'à ce que la vie se mette à imiter l'art et que l'aventurier suisse Christoph Kaufmann, un disciple autoproclamé du Christ et de Rousseau, qui impressionna tant Herder, Goethe, Hamann, Wieland et Lavater [...][12]. »

Johann Gottfried von Herder en indiqua l'armature en soutenant d'une part : « [...] Chaque nation porte en elle son centre de félicité, de même que chaque sphère a en elle son centre de gravité ! [...]Tout ce qui est encore de nature identique à moi, ce que je puis m'assimiler, je l'envie, la recherche, me l'approprie ; envers tout ce qui est au-delà, la nature dans sa bonté m'a armé d'insensibilité, de froideur et d'aveuglement ; elle peut même devenir mépris et dégoût – mais a seulement pour but de me replier sur moi-même, de me faire trouver satisfaction au centre même qui me porte[13]. »

Et en surenchérissant de l'autre : « Le préjugé est bon, en son temps ; car il rend heureux. Il ramène les peuples à leur centre, les rattache plus solidement à leur souche, les rend plus florissants selon leur caractère propre, plus ardents et par conséquent aussi plus heureux dans leurs penchants et leurs buts. La nation la plus

[12] Isaiah BERLIN, *Le bois tordu de l'humanité. Romantisme, nationalisme et totalitarisme*, traduction de Marcel Thymbres, Paris, Albin Michel, 1992 (1959), pp. 217-218.

[13] Johann Gottfried von HERDER, *Une autre philosophie de l'histoire pour contribuer à l'éducation de l'humanité. Contribution à beaucoup de contributions du siècle*, traduction française avec introduction de Max Rouché, Paris, Aubier-Montaigne, collection bilingue (allemand et français), 1964 (1774), p. 183 *et passim*.

ignorante, la plus remplie de préjugés est à cet égard souvent la première [...][14]. »

Quant à Joseph de Maistre, lui, il ne prit pas la tangente et tint à approfondir les présupposés de Herder en prônant tout simplement l'inexistence de l'homme. De Maistre renchérit : « "La Constitution de 1795, tout comme ses aînées, est faite pour l'*homme*. Or il n'y a point d'*homme* dans le monde. J'ai vu, dans ma vie, des Français, des Italiens, des Russes, etc. ; je sais même, grâce à Montesquieu, *qu'on peut être persan* : mais quant à l'*homme*, je déclare ne l'avoir rencontré de ma vie ; s'il existe, c'est bien à mon insu"[15]. » Toujours est-il pour marquer les ambiguïtés que cèle le romantisme, De Maistre soupesa par une inflexion en ajoutant que « "l'homme est un centaure monstrueux"[16] » et le cas échéant « "il ne sait pas ce qu'il veut ; il veut ce qu'il ne veut pas ; il ne veut pas ce qu'il veut. Il voudrait *vouloir*. Il voit dans lui quelque chose qui n'est pas lui et qui est plus fort que lui"[17] ».

L'indigénisme, pour sa part, survint avec la mouvance du *Blut und Boden*[18] en tant que transmutation du romantisme. L'indigénisme est l'expression de la crise du *Sturm und Drang*. Il est donc l'expression de la crise du

---

[14] Johann Gottfried von HERDER, *Une autre philosophie de l'histoire pour contribuer à l'éducation de l'humanité. Contribution à beaucoup de contributions du siècle, op. cit.*, p. 185 *et passim*.

[15] Joseph DE MAISTRE, cité par Isaiah BERLIN, *Le bois tordu de l'humanité. Romantisme, nationalisme et totalitarisme*, op. cit., p. 107. Berlin, lui, fait référence à Livre I, in *Œuvres complètes de J. de Maistre*, 14 volumes avec index, Lyon-Paris, 1884-1887, p. 74. Les italiques sont de Berlin.

[16] Joseph DE MAISTRE, cité par Isaiah BERLIN, *ibidem*, p. 128. Berlin, lui, fait référence à Livre IV, in Œuvres complètes de J. de Maistre, op. cit., p. 67. Les italiques sont de Berlin.

[17] Joseph DE MAISTRE, cité par Isaiah BERLIN, *ibidem*, p. 128. Berlin, lui, fait référence à Livre IV, *ibidem*, pp. 67-68.

[18] Traduction littérale : sang et sol

romantisme. Ce faisant, l'indigénisme conserve toute la tablature du romantisme, si bien qu'un hebdomadaire créé en 1923 sous la direction de Julius Streicher s'appela *Der Stürmer* et que ses figures de proue s'appellent Oswald Spengler et August Winnig. Je soutiens la thèse selon laquelle l'indigénisme prône le renforcement d'un enfermement sur soi suite à des déceptions, des désillusions résultant de la déchéance des attentes du romantisme.

Mais, pour leur part, et c'est là l'enjeu, les indigénistes y voient des échecs que lui inflige ou des frustrations que lui provoque un Autre. Cet Autre n'est pas l'*Alter* de l'*alter ego*, où *Ego* reconnaît *Alter* comme son alter ego. Il n'est donc pas l'Autre de l'altérité que théorise Emmanuel Levinas[19]. L'Autre romantiste[20] désormais indigéniste voire folkloriste est autre. Il est vraiment autre. Il est illégitime. Il est impur. Il est la cause des malheurs. Il est le malin. Il est tantôt de l'intérieur tantôt de l'extérieur. D'où il symbolise l'opposant qui tantôt impose systématiquement sa volonté tantôt bloque sans merci la concrétion d'un rêve prométhéen ou d'une puissance démiurgique.

Ce faisant, il s'ensuit que l'indigénisme prône une idéologie victimiste en dessous de laquelle dort taphyquement une forme bien ancrée d'autoritarisme. *Instabilis tellus, innabilis unda*. L'indigénisme, comme

[19] Cf. Emmanuel LEVINAS, *Totalité et infini. Essai sur l'extériorité*, Paris, Le livre de poche, 2009 (1961).

[20] Il s'avère plus légitime dans ce contexte d'évoquer le prédicat romantiste en lieu et place du prédicat romantique en vue de conjurer d'éventuelles quiproquos. J'ai établi ailleurs la différence. Cf. Luné Roc PIERRE LOUIS, *Mythologie positiviste et cancérisation épistémologique. Une archéologie des impostures méthodologiques*, avec *additamentum* : *Une réflexion sur la norme de référence bibliographique ISO 690 Z 44-005*, Paris, L'Harmattan, « Questions contemporaines », 2016.

d'ailleurs le romantisme dont il est la crise ou la déliquescence résultant de sa transmutation, ne fait qu'occulter l'autoritarisme duquel il découle. Dit autrement, pour reprendre Frédéric Claisse, Maxime Counet et Pierre Verjans, « il y a là une forme d'autoritarisme qui crée des effets de victimisation[21] ». Dès lors, l'indigénisme s'accuse comme étant le *τόπος* (*topos*) de promotion de stéréotypes, de préjugés et de toute autre forme d'expression d'illusions et d'auto-illusions de soi. Et quant à l'autoritarisme y relatif, la présente archéologie l'appréhendera *infra* (chapitre II) sous les termes du bonapartisme.

La présente étude, pour sa part, s'intéresse aux préjugés et stéréotypes que font prévaloir les indigénistes sur la *Constitution haïtienne de 1987* et ce sous leur double visage de Janus. *Instabilis tellus, innabilis unda.* Les indigénistes prétendent d'une part que cette charte fondamentale serait un produit importé, ce qui ressortirait de la volonté implacable d'un Autre de l'extérieur, tandis que d'autre part, elle serait une constitution sans précédent dans l'histoire d'Haïti en qualité d'État souverain, ce qui ferait d'elle l'expression d'un rêve prométhéen susceptible d'être la concrétion d'une puissance démiurgique quelconque, attendu qu'elle revêtirait, *per se*, une valeur prototypique.

Mutatis mutandis, je désigne cette xylolalie indigéniste sous le concept de folklorisme médiatique, attendu qu'il est toujours question d'une production médiatique résultant de personnalités médiatiques. Plus concrètement, il s'agit des déclarations que des acteurs dont la plupart proviennent des milieux politiques font dans des médias indépendamment de leur typologie, y

---

21 Frédéric CLAISSE, Maxime COUNET, Pierre VERJANS, *Introduction aux doctrines et aux idées politiques*, Louvain-la-Neuve, De Boeck, « De Boeck Supérieur », 2017, p. 97.

compris lorsqu'il s'agit des productions écrites destinées à la publication sous forme d'ouvrages ou de recueil d'articles, étant donné que ce ne sont guère des résultats de recherche scientifique sciemment réalisée, mais des écrits conjoncturels et contingents souvent produits vaille que vaille pour répondre à l'appel des foires publiques d'ouvrages à teneur littéraire et paralittéraire dont les deux plus connues se disent *Livres en folie* (uniquement le jeudi de la *Solennité du Corpus Christi* et le vendredi suivant) et *Livres en liberté* (caravane organisée sur une longue période en de multiples endroits).

Chapitre II. LA CONSTITUTION DE 1987 FACE À L'APORIE DES PRÉJUGÉS INDIGÉNISTES

Haïti, au lendemain de 1986, tenta de sortir de l'expérience totalitaire des Duvalier en adoptant une nouvelle constitution. Ce fut le 29 mars 1987. Il s'agit de ranimer, de redynamiser des institutions républicaines qui s'ankylosèrent et se sclérosèrent dans le totalitarisme. En d'autres termes, l'adoption de cette nouvelle constitution visa à prévenir toute éventuelle expérience totalitaire et le cas échéant tente d'instaurer pour de bon l'État de droit démocratique. Mais dire que ce n'est pour la première fois qu'une constitution en parle n'est autre qu'un pur préjugé. En effet, rares sont les constitutions haïtiennes dont le *τέλος* (*telos*) n'envisagea pas l'État de droit démocratique dans le sens propre où il convient d'appréhender l'expression en bonne et due forme.

Haïti a tout ou presque tout expérimenté en termes de constitution. L'idée de l'État de droit démocratique ne naquit ni en 1986 ni en 1987 comme le clament les indigénistes fanatistes ou mieux les folkloristes. Dit autrement, si les constitutions suffisaient toutes seules à faire sourdre la démocratie ou mieux substantiellement l'État de droit démocratique, Haïti devrait se figurer dans le catalogue mondial – de ce qui se dirait métaphoriquement et seulement métaphoriquement – des grandes démocraties. *Idem*, prétendre que la *Constitution de 1987* serait un produit importé et qu'elle ne répondrait ni ne conviendrait à la *res haitiana*, à la réalité haïtienne est un stéréotype qui s'écarte tellement du réel qu'il tangente l'auto-illusion de soi.

Mutatis mutandis, la question principale qui se pose consiste à se demander ce qui suit. En quoi la *Constitution haïtienne de 1987* amendée est-elle un produit importé ? Mises à part les contingences y afférentes, quelles sont les dispositions de la *Constitution de 1987* qui ne sont pas des redites des constitutions antérieures ? En d'autres termes, qu'est-ce qui n'a pas été dit déjà dans les constitutions antérieures ? Par conséquent, l'on s'écartera d'emblée du premier préjugé consistant à laisser croire que la *Constitution de 1987* serait sans précédent dans l'histoire d'Haïti. Dès lors, une autre question qui se pose renvoie à la prétention selon laquelle la *Constitution de 1987* serait un produit importé, entièrement étranger à la réalité haïtienne. Quel enjeu sous-tend une telle question, *id est* qu'est-ce qui portent les indigénistes folkloristes à faire une telle affirmation visant à la délégitimation de la charte fondamentale ?

Toutefois, si tant est que l'on puisse concéder que la réalité matérielle des conditions d'existence de la population et l'état dans lequel se trouve la formation sociale ne sauraient être sans importance, c'est en revanche de l'auto-illusion de soi sinon pur délire prométhéen de prétendre qu'une constitution se doterait elle-même de puissances démiurgiques ou de vertus prométhéennes d'auto-application ou d'autoconcrétion. Cette illusion somme toute délirante se fait entendre chez tous les hérauts des contradictions sur la *Constitution de 1987*. Les deux visages de Janus de l'inconséquence s'y accusent. *Instabilis tellus, innabilis unda*. Le pari de la lucidité – au sens de Levinas – en tant qu'ouverture de l'esprit sur le vrai n'est pas au rendez-vous. Les folkloristes naïfs s'imaginent que l'adoption d'une constitution républicaine conduit *hic et nunc* aux institutions de médiation républicaines dans leur matérialité et le cas échéant à l'État de droit démocratique dans sa pleine concrétion pure et simple, tandis que les folkloristes cyniques à leur tour s'illusionnent que la constitution telle que adoptée est elle-même la cause de l'absence de la même concrétion en question.

Pourtant, de tels préjugés et stéréotypes ne font que révéler d'autres problèmes dont les causes ne proviennent guère de la Charte fondamentale. *A fortiori*, Émile Boutmy surligne à juste titre que « les mécanismes constitutionnels n'ont pas de valeur et d'efficacité propre, indépendamment des forces morales et sociales qui les soutiennent ou les mettent en mouvement[22] ». À cet égard, Louis Joseph Janvier estime bien de renchérir : « Ce sont ces formes morales et sociales qui permettent à beaucoup de pays, moins libres en théorie que la république haïtienne, de demeurer plus libres qu'elle est en réalité[23]. »

Mutatis mutandis, il échoit de soutenir la thèse selon laquelle l'enjeu sied dans le phénomène que j'appréhende sous le concept de bonapartisme en tant que concrétion dans l'appareil d'État donc la matérialisation tant gouvernementale qu'étatique du populisme qui, lui, se veut la manifestation politique du romantisme ou de ses ramifications ou encore de sa déchéance. En d'autres termes, le populisme s'extériorise comme la première forme symptomatique de l'autoritarisme que sous-tend l'idéologie victimiste de l'indigénisme en question *supra*.

Dès lors, le leader populiste surgissant comme sans trajectoire explicite du moins dans l'arène politique, n'a d'autre destin que d'être autoritaire par le fait même qu'il

---

[22] Émile BOUTMY, *Études de droit constitutionnel : France, Angleterre, États-Unis*, Paris, Plon, 1885. Cette citation est également reprise *in Deux siècles de Constitutions Haïtiennes 1801-1987*, Compilation des Éditions Fardin, Pétionville, Fardin, 2010, p. 5. C'est dans cette compilation que je puiserai toutes les constitutions concernées dans cette étude, à l'exception de la version amendée de la *Constitution de 1987*.

[23] Louis Joseph JANVIER, « Considérations sur les amendements constitutionnels », *in Deux siècles de Constitutions Haïtiennes 1801-1987*, op. cit., p. 5.

soit censé appeler à tirer vengeance ou trouver réparation pour les victimes contre les bourreaux que désigne l'Autre – l'autre indigéniste, l'autre vraiment autre, l'autre purement et simplement autre. Cet autoritarisme se matérialise sous les visages typhonesques de ce que j'appelle le bonapartisme. Le bonapartisme étant la coexistence des formes ou des façades légalistes avec un dirigisme d'État autoritaire voire autocratique.

Par conséquent, il convient de rappeler que j'ai précisé ailleurs[24] que j'appelle bonapartisme, tout régime autoritaire voire autocratique donc dictatorial supporté par une façade plébiscitaire et un certain légalisme. Il est donc l'expression de la corruption de l'État de droit démocratique. Sous ce jour, le bonapartisme subsume le césarisme. Ce dernier étant une dictature militaire (ou dictature classique) appuyée par une façade plébiscitaire ou des formes légalistes. Dit autrement, le césarisme est considéré comme étant une forme de bonapartisme.

Ce faisant, il appert d'appréhender la prolifération des constitutions dans l'histoire de la formation sociale haïtienne comme symptomatique du bonapartisme, lequel témoigne d'une instabilité politique qui se répercute également dans les autres secteurs sociopolitiques. Du côté des acteurs sociaux et des citoyens, le bonapartisme se trahit notamment par le mauvais rapport à la loi, le contournement des normes ou du normal, la prééminence de l'informel, la gestion rentière, la vénalité de l'appareil justicier et la pratique abjecte du « *pondus et pondus, mensura et mensura*[25] ». *In globo*, le fonctionnement du

---

[24] Cf. Luné Roc PIERRE LOUIS, *Habermas et Haïti. Prolégomènes à une sémantique politique*, Port-au-Prince, Média-Texte, 2015 (2014), pp. 181-182 *et passim*. Ou encore Luné Roc PIERRE LOUIS, *Communication et espace public. Une reconstruction à travers l'espace public politique haïtien*, Louvain-la-Neuve, PUL, 2012.

[25] « *Liber Proverbiorum* » 20, 10, *in Biblia Sacra*, Vulgatae Editionis, Roma, 1914.

bonapartisme vacille entre Charybde du contournement et Scylla du détournement.

Par conséquent, la formation sociale s'enlise dans un obscurantisme forcené. Aussi ai-je soutenu ailleurs[26] la thèse selon laquelle Haïti fonctionne comme une mythologie classique. Dans quelque domaine ou secteur que ce soit, n'y prédominent que des figures sinon des masques et les rapports ne partent que d'un centre vers une certaine périphérie et *vice versa*. Dit autrement, les figures constituent des centres autour desquels partent des rapports selon la logique d'une structure bulbaire, d'une structure en oignon. Les figures bonapartistes agissent selon le prétendu principe *stat pro ratione voluntas*[27].

Dès lors, la différence entre l'existence ou la non-existence d'une constitution républicaine n'est pas trop grande. Tout se passe comme si son existence équivaudrait à son inexistence. Les institutions qui se doivent d'être instituées pour instituer, *scilicet* pour imprimer du sens à la communauté à laquelle elle s'adresse, ne vont généralement pas plus loin que le papier sur lequel elles se trouvent consignées et dans les rayons des tiroirs où elles se trouvent répertoriées. Pourtant, seules les institutions sont à même de définir les places convenables aux acteurs concernés de par la délimitation de leurs responsabilités et le cas échéant de sortir des écueils dans lesquels font plonger les *modi faciendi* erratiques du bonapartisme.

En effet, eu égard à la perspective pragmatico-communicationnelle servant de tablature catégoriale aux présentes réflexions, l'idée d'institution fait appel à un tiers en vue de perpétuer ou d'inscrire dans le temps

---

[26] Cf. Luné Roc PIERRE LOUIS, *Habermas et Haïti. Prolégomènes à une sémantique politique*, *op. cit*.

[27] L'expression provient de Decimus Iunius Iuvenalis (50-128) dit Juvénal en français dont la traduction littérale est : que la volonté tienne lieu de raison !

pragmatique de l'histoire l'ensemble des conceptions et des visions de l'agir d'une communauté donnée. L'idée d'institution résulte de la création que JE (le JE) – *ego* ou sujet – entend réaliser avec TU (le TU) – *alter ego* ou intersujet. Aussi entend-elle divorcer avec toute conception relevant de l'ordre d'une économie thymique, donc fondée sur l'humeur ou les caprices d'un individu. Or, c'est exactement cet ordre erratique que fait prévaloir le bonapartisme.

Cela étant, le bonapartisme cèle une dislocation sociale dont les répercutions les plus formelles se manifestent dans la tablature du jeu politique. Ce qui entraîne comme corollaire des crises forçant presqu'à chaque fois l'adoption de nouvelles constitutions, sinon des amendements du moins dans le cas du folklorisme médiatique qui préoccupe la présente archéologie des appels à la révision. Métaphoriquement, l'on tiendrait que, *grosso modo*, la durée de vie moyenne d'une constitution en Haïti se situe entre huit et neuf ans. La constitution qui eut la plus longue vie fut celle du 9 octobre 1889, qui survécut jusqu'au 19 juin 1918. Ce fut un record, si bien que sa survie de 29 ans « lui a valu le qualificatif d'"immortelle"[28] », et qu'elle a beau échapper à « cinq reprises (1892, 1898, 1910, 1913, 1916) à l'épreuve de l'amendement ; aussi est-elle restée immaculée[29] ». Et la remarque que firent Mirlande Hyppolite Manigat, Claude Moïse et Lemoine Bonneau n'emprunta pas la voie contraire à la mienne en soulignant, par le biais d'un échantillon, que « de 1843 à 1930, le pays a engrangé neuf constitutions (1843, 1846, 1849, 1867, 1874, 1879, 1888,

---

[28] Mirlande Hyppolite MANIGAT, Claude MOÏSE et Lemoine BONNEAU, *Le Parlement haïtien. Deux siècles d'histoire : le Sénat de la République*, Port-au-Prince, Imprimerie Brutus, 2014, p. 60.

[29] Mirlande Hyppolite MANIGAT, Claude MOÏSE et Lemoine BONNEAU, *Le Parlement haïtien. Deux siècles d'histoire : le Sénat de la République*, *op. cit.*, p. 60.

1889, 1918). Si on applique une moyenne mathématique à cette énumération, on trouvera une moyenne de vie de 9,6 années. Mais, les péripéties de la vie politique révèlent une durée chaotique, entre 10 mois (la Constitution du 16 décembre 1888) et vingt-neuf ans (celle du 9 octobre 1889), en passant par des survies moyennes de trois ans (30 décembre 1843, 14 novembre 1846), de cinq ans (6 août 1874), de sept ans (14 juin 1867)[30] ». En contrepartie, l'année 1946 à elle seule battit le record de l'expérience de trois constitutions, soit respectivement celle de 1935 amendée (amendement du 19 avril 1944), celle de 1932 amendée (amendement du 12 août 1946) et celle de 1946, adoptée le 22 novembre.

En général, tout se passe comme si les textes et les dispositions constitutionnelles pourraient suppléer les acteurs, les citoyens eux-mêmes dans l'agir nécessaire dans le projet (*id est* les visées) et le cheminement de l'État-nation. Pourtant, l'un des biais symptomatiques du bonapartisme qui s'accusent dans la plupart des constitutions adoptées et promulguées attire à présent l'attention. L'on pourrait évoquer l'idée d'un cercle vicieux. La plupart du temps, seules les assemblées constituantes eurent le privilège de légitimer les présidents ressortissant d'un coup d'État quelconque par le biais des dispositions bien spécifiques consignées dans le chapitre des dispositions générales ou transitoires. Tout en précisant que le président de la République sera élu soit par l'assemblée nationale soit par l'assemblée sénatoriale, les assemblées constituantes légitimèrent les pouvoirs des présidents déjà en fonction avant l'instituation (institution) de l'assemblée nationale ou sénatoriale se devant de les élire légitimement et il ne fut pas rare qu'une constitution remplace une autre avant même que la précédente ait été

[30] Mirlande Hyppolite MANIGAT, Claude MOÏSE et Lemoine BONNEAU, *ibidem*, pp. 59-60.

mise en application. Que constituent, *in fine*, les constitutions en absence des institutions qui instituent ?

Telle est la question légitime qui se pose si tant est qu'il faille faire ressortir les apories ou les prétentions fallacieuses relatives aux constitutions, dans un sens comme dans l'autre, comme il en est question dans le double visage de Janus que font prévaloir les indigénistes folkloristes sur la *Constitution de 1987*. Par le biais d'une lecture comparée avec les constitutions antérieures adoptées dans l'histoire de la formation sociale haïtienne, l'on verra que la *Constitution de 1987* n'a d'éléments nouveaux que des dispositions contingentes présidant *ipso facto* à son adoption, et le cas échéant elle ne revêt nulle grande vertu démiurgique ou prométhéenne faisant d'elle une constitution sans précédent, une constitution prototypique dans l'histoire de l'État-nation d'Haïti comme le clament trombones, tubas et cornets des mêmes folkloristes qui ensuite déclarent qu'elle serait un produit importé sans rapport avec la *res haitiana*.

Toujours convient-il de préciser qu'une constitution dite charte fondamentale, quant à elle, ne fait que définir le moment juridique d'une communauté éthique, d'un État-nation. Elle intègre « le moment où une communauté prend acte d'une reconnaissance réciproque entre ses membres[31] ». Aussi la constitution fixe-t-elle les limites institutionnelles de la souveraineté populaire. L'enjeu est, pour autant qu'elle soit nécessaire, elle ne saurait suffire pour le plein exercice de la souveraineté populaire. Il appert que son absence poserait le même problème que le fait de se limiter dans les arcanes d'une appréhension minimaliste. Cadre juridique, la constitution demeure un référent dont une appréhension minimaliste

---

[31] Jean-Marc FERRY, *Les puissances de l'expérience. Essai sur l'identité contemporaine. Tome II : Les ordres de la reconnaissance*, *op. cit.*, p. 161.

peut faire transmuter la compréhension de soi du citoyen en auto-illusion de soi.

Mutatis mutandis, entreprendre des réflexions sur le bonapartisme s'impose et le cas symptomatique d'Haïti s'avère davantage intéressant. La *res quotidiana haitiana*, la réalité quotidienne haïtienne, ne cesse de l'inspirer. Celle-ci étant aux prises avec la dialectique folkloriste médiatique des illusions, des auto-illusions de soi et des désillusions sur la constitution en vigueur et la réalité politique constituée de régimes bonapartistes au travers de ses mille visages de Caligula. À cet égard, je passerai en revue les dispositions de la *Constitution de 1987* dans sa version amendée, par l'analyse comparative avec les constitutions qui l'ont précédée, puis je conclurai sur l'illusion médiatique des indigénistes folkloristes. Laquelle version devient, *ipso facto*, la constitution en vigueur, parce qu'il s'agit de l'état dans lequel elle se révèle être un phénomène qui s'offre à l'analyse. Les dispositions abrogées n'ayant plus d'effet ; celles qui subissent des modifications ne font que s'actualiser à travers le nouveau contenu par le biais duquel elles prennent effet, tandis que les ajouts, quant à eux, sont sans précédent.

D'ailleurs, l'amendement même moindre de son préambule laisse présager que l'on a affaire avec une toute nouvelle constitution. Aussi est-ce pour éviter de confondre la version d'une constitution qui se renouvelle par l'amendement avec la version première que l'on tient toujours à faire mention du prédicat amendé – bien entendu la numérotation des articles ou des dispositions change inévitablement. D'où *Constitution de 1987* amendée ; c'est la formule abrégée, la forme longue serait de dire la *Constitution de 1987* désormais amendée ou encore aujourd'hui amendée. Le prédicat amendé ne se verra pas surligné en italique. Avant d'aborder les dispositions, il incombe de passer en revue la *Constitution de 1987* amendée face à ses ancêtres. Tel fera l'objet du très court chapitre III.

Chapitre III. LA CONSTITUTION DE 1987 AMENDÉE ET SES ANCÊTRES

Il n'est pas incongru de reprendre la liste des constitutions qui précèdent la *Constitution de 1987* amendée préoccupant le présent exercice en vue de faciliter une vue panoramique. La *Constitution de 1801* ne sera pas prise en compte dans la présente étude, afin de conjurer tout éventuel *quiproquo* sur la notion d'État d'Haïti. En général, les constitutions auxquelles l'on peut adjoindre dans la forme le seul label républicain seront désignées par l'année de leur adoption ou de leur promulgation, à l'instar de celle de 1987. Quant aux autres, l'on ajoutera le prédicat spécifique y relatif puis leur année d'adoption ou de promulgation. Dans les deux cas, il y aura lettre capitale et la capitalisation se fait légitimement pour indiquer l'unicité de la constitution en question. Hors de cette précision d'unicité et de citation d'un tiers qui en fait l'usage, la capitalisation n'aura pas cours dans le présent exercice aux fins de conjurer d'éventuelles confusions.

Par ailleurs, il s'avère légitime de préciser que la différence pourtant importante entre révision et amendement n'a pas été établie dans le passé en Haïti. Les constitutions prévoyaient le plus souvent la révision ; mais, *in fine*, tantôt l'on révisa, comme ce fut le cas en 1816, et l'on aboutit à une toute nouvelle constitution, sans référence explicite à sa version précédente, tantôt l'on amenda. Sur ces entrefaites, je ne parlerai d'amendement que lorsque la référence sera explicite comme dans le cas de la *Constitution de 1918* ou avant elle, la *Constitution de 1879* qui battit le grand record de cinq amendements en cinq ans. Peu importe, ce sont les dispositions qui préexistent à celles de 1987 qui intéressent la présente sédimentation. D'où la liste :

Rang	Constitutions	Adoption	Nombre d'articles	Amendements
I	Constitution impériale de 1805	20 mai 1805	81	
II	Constitution de 1806	27 décembre 1806	200	
III	Constitution de 1807	17 février 1807	51	
IV	Constitution royale de 1811	28 mars 1811	35	
V	Constitution de 1816	2 juin 1816	245	
VI	Constitution de 1843	30 décembre 1843	210	
VII	Constitution de 1846	14 novembre 1846	193	
VIII	Constitution impériale de 1849	19 septembre 1849	205	
	Constitution de 1846 amendée			1859 et 1860[32]
IX	Constitution de 1867	14 juin 1867	215	
X	Constitution de 1874	6 août 1874	194	
XI	Constitution de 1879	18 décembre 1879	206	1880 (2), 1883, 1884, 1885[33]
XII	Constitution de	16	65	

[32] Respectivement le 18 juillet 1859 et 18 octobre 1860.

[33] La *Constitution de 1879* fit l'objet de cinq amendements en cinq ans, respectivement le 14 septembre 1880, le 24 septembre 1880, le 29 juillet 1883, le 10 octobre 1884 et le 5 octobre 1885.

	1888	décembre 1888		
XIII	Constitution de 1889	9 octobre 1889	203	
XIV	Constitution de 1918	12 juin 1918	134	10-11 janvier 1928
	Constitution de 1918			
XV	Constitution de 1932	15 juillet 1932	138	12 août 1946
XVI	Constitution de 1935	2 juin 1935	62	19 avril 1944
	Constitution de 1932 amendée			
XVII	Constitution de 1946	22 novembre 1946	154	
XVIII	Constitution de 1950	25 novembre 1950	161	
XIX	Constitution de 1957	19 décembre 1957	197	
XX	Constitution de 1964	26 mai 1964	201	14 janvier 1971
XXI	Constitution de 1983	27 août 1983	222	6 juin 1985
	Constitution de 1983 amendée			

Telles sont les constitutions ancêtres de celle de 1987 qui par la suite se verra amendée. Le volume textuel que constituent ces constitutions-là servira de tablature à l'analyse autour de la question de savoir en quoi la *Constitution de 1987* constituerait-elle un produit importé comme le prétendent les folkloristes. Eu égard à l'amendement, toujours appert-il de faire les précisions suivantes. Le 4 septembre 2009, le Pouvoir exécutif proposa les dispositions à amender de la constitution. Le 14 septembre 2009, chaque chambre législative à la majorité qualifiée des deux tiers de leurs membres vota les dispositions en question. Ce qui donne lieu à la déclaration d'amendement. Laquelle fut publiée le 6 octobre 2009 au numéro 109 du journal officiel *Le Moniteur*. Le 9 mai 2011, l'Assemblée nationale procéda aux amendements proprement dits qui, par la suite, parurent dans *Le Moniteur* du 13 mai 2011, pour prendre effet le 14 mai 2011 après la prestation de serment du nouveau Président de la République. Face aux allégations d'un sénateur selon lesquelles le texte voté en Assemblée nationale diffère de celui publié dans *Le Moniteur*, le Président en fonction dut prendre un Arrêté le 3 juin 2011 en vue de faire les élucidations qui s'imposèrent dont acte paru dans *Le Moniteur* du 6 juin 2011 au numéro 72 et en foi de quoi, cette version devient la constitution en vigueur. Je passe au chapitre IV.

Chapitre IV. LA CONSTITUTION DE 1987 AMENDÉE DANS SES DISPOSITIONS

La première version de la constitution, adoptée par le referendum du 29 mars 1987 est un texte volumineux comptant à son actif le préambule, 15 titres, 19 chapitres et 505 articles. La numérotation des articles de cette constitution est un véritable accroc didactique. Les constituants indiquent le numéro 298 comme si la constitution ne compterait que 298 articles. Rien ne permet de cerner explicitement ce choix, car aucune constitution antérieure ne faisait usage de cette formule combien ambiguë, si tant est que chaque article revête de sa singularité qui lui confère une valeur discrète et le cas échéant se doit d'être indiqué par un nombre discret, donc par un entier naturel. La raison est que l'on formule un article ou l'on n'en formule pas. Un article étant une réalité singulière, mais les constituants s'inventent leur propre formule combien antinomique, ils combinent nombres discrets et nombres décimaux.

Sans se préoccuper d'une quelconque logique mathématique, ils parviennent à occulter le scandale d'une constitution de 505 articles en élargissant l'intervalle des entiers réels par des décimaux. Ainsi battent-ils le grand record d'insérer 10 articles sur l'intervalle allant de l'article 32 à l'article 33, autrement dit, l'intervalle qui occuperait tout logiquement deux articles – 32 et 33 – se voit élargir pour en occuper 12, soit respectivement les articles 32, 32.1; 32.2 ; 32.3 ; 32.3 ; 32.4 ; 32.5 ; 32.6 ; 32.7 ; 32.8 ; 32.9 ; 32.10 et 33. D'ailleurs, en prenant soin d'écrire article premier pour le premier article, ils présupposent qu'il faudra lire dans une logique ordinale en disant article deuxième, troisième, etc., mais ils ne se rendent pas compte dans quelle incongruence ils s'enlisent en écrivant article 1.1. La version amendée va entérinant les incongruences en ajoutant des articles de type : article 31.1.1 ; article 134 *bis* ; article 190 *bis*.1, article 190 *ter* ou article 190 *ter*.1. Cela étant, pour faire référence exacte à un article, à l'exception du premier article qui se lit tout bonnement l'article 1, je parlerai de code avec la mention : *codé article N*, précédé du nombre qui devrait être le vrai numéro de l'article. D'où, par exemple : article 252, *codé article 134-2*.

La version amendée désormais la constitution en vigueur détient les actifs du préambule, des 15 titres, des 19 chapitres, mais au prix des abrogations dépassant les ajouts, finit par se réduire à 500 articles, soit seulement cinq articles de moins et le cas échéant l'on n'est pas sorti du scandale d'une constitution de 500 articles. En effet, que dirait Louis Joseph Janvier qui, plus d'un siècle avant, fit remarquer que « les Constitutions haïtiennes, avec une moyenne de 200 articles doivent être tenues pour un peu trop élaborées[34] » ?

À bien cerner l'enjeu du propos de L. J. Janvier, les constitutions trop élaborées constituent leurs propres pierres d'achoppement quant à leur application et le cas échéant exigent trop souvent des amendements. Aussi les reproches adressés à la *Constitution de 1987* selon lesquels elle serait source d'instabilité proviendraient-ils en partie de sa trop large élaboration. *Grosso modo*, si chaque citoyen ou chaque groupe de citoyens haïtiens se dotaient du pouvoir légitime pour amender cette constitution, ils en auraient déjà opéré une centaine. L. J. Janvier va peaufinant en soutenant la thèse selon laquelle « lorsque la Constitution se contente de formuler les grands principes dont s'inspireront les lois ordinaires, il n'est pas nécessaire

---

[34] Louis Joseph JANVIER, « Cinq amendements constitutionnels en cinq ans 1879-1885 », *in Deux siècles de Constitutions Haïtiennes 1801-1987*, op. cit., p. 10.

de revenir constamment sur le texte original et l'amender. Les Constitutions trop élaborées, par contre, forment un corset aux mailles trop serrées et susceptibles de paralyser les démarches de ceux qui ont pour mission de les faire exécuter, en commençant, naturellement, par les exécuter eux-mêmes[35] ».

Mutatis mutandis, il échoit de passer en revue le contenu de la constitution sous étude en vue de conclure, *in substantia*, ce qu'il en est des principaux préjugés que les folkloristes font prévaloir à son égard. Toujours n'est-il pas de trop de reprendre encore L. J. Janvier qui estime juste de surligner que « les Constitutions évoluent avec le contexte historique, économique et social du pays qu'elles sont appelés à régir. Et, aujourd'hui, il faudrait ajouter aussi le contexte international[36] ». Ce faisant, dire qu'une constitution se rapproche de ses ancêtres ne signifie pas nécessairement qu'elle reprend à son compte, *forma et substantia*, toutes leurs dispositions, mais plutôt que les principes leur servant de *punctum Archimedis* demeurent identiques ou à défaut analogues. Cette élucidation s'avère importante du moment où l'on entend procéder à une analyse comparative de deux ou de plusieurs constitutions.

1. Du préambule

Attendu que le préambule d'une constitution ou d'un texte de loi entend fixer le *punctum Archimedis* y servant de *milliarium*, la *Constitution de 1987* amendée n'en est pas exempte. Elle se donne une tablature fixant ses huit bornes milliaires. En vue de faciliter la comparaison avec les préambules des constitutions antérieures, il incombe de les reprendre. Le fragment de texte se révèle long, il est repris dans l'encadré ci-après :

---

[35] Louis Joseph JANVIER, *ibidem*, p. 10.
[36] Louis Joseph JANVIER, *ibidem*, p. 11.

Le peuple haïtien proclame la présente Constitution :
• Pour garantir ses droits inaliénables et imprescriptibles à la vie, à la liberté et à la poursuite du bonheur ; conformément à son Acte d'Indépendance de 1804 et à la Déclaration universelle des droits de l'homme de 1948. • Pour constituer une nation haïtienne socialement juste, économiquement libre et politiquement indépendante. • Pour rétablir un État stable et fort, capable de protéger les valeurs, les traditions, la souveraineté, l'indépendance et la vision nationale. • Pour implanter la démocratie qui implique le pluralisme idéologique et l'alternance politique et affirmer les droits inviolables du peuple haïtien. • Pour fortifier l'unité nationale, en éliminant toutes les discriminations entre les populations des villes et des campagnes, par l'acceptation de la communauté de langues et de culture et par la reconnaissance du droit au progrès, à l'information, à l'éducation, à la santé, au travail et au loisir pour tous les citoyens et citoyennes. • Pour assurer la séparation, et la répartition harmonieuse des pouvoirs de l'État au service des intérêts fondamentaux et prioritaires de la Nation. • Pour instaurer un régime gouvernemental basé sur les libertés fondamentales et le respect des droits humains, la paix sociale, l'équité économique, l'équité de genre, la concertation et la participation de toute la population aux grandes décisions engageant la vie nationale, par une décentralisation effective. • Pour assurer aux femmes une représentation dans les instances de pouvoir et de décision qui soit conforme à l'égalité des sexes et à l'équité de genre.

Cela étant, il appert de faire remarquer que le préambule de la constitution sous étude accuse des biais et des redondances, mais attendu que la présente étude, elle, table sur les préjugés découlant du folklorisme médiatique, il importe, avant de les mettre en exergue, de savoir si le préambule de cette constitution n'aurait rien à voir avec ceux de ses ancêtres.

Sous les thèmes d'une thèse allégée, l'on peut affirmer que seules la *Constitution royale de 1811*, la *Constitution de 1888* et la *Constitution de 1918* ne disposent pas de préambule. Par la suite, le moindre renforcement fera ranger la *Constitution de 1806* dans le lot des constitutions apréambulaires. Par ailleurs, toutes les autres constitutions prédécesseurs de celle de 1987 comptent un préambule à leur actif. L'on constate qu'à partir de la *Constitution de 1816*, les préambules des constitutions accusent une formule qui ne subit presque pas de modification et ce jusque la *Constitution de 1946*, à l'exception de la *Constitution de 1935* qui fait part d'un préambule tout à fait spécifique. Ainsi retrouve-t-on dans la *Constitution de 1816* : « Le peuple haïtien proclame, en présence de l'Être Suprême, la présente Constitution de la République d'Haïti, pour consacrer à jamais ses droits, ses garanties civiles et politiques, sa souveraineté et son indépendance. »

À partir de la *Constitution de 1843*, l'on ajouta le prédicat « nationale » pour avoir « son indépendance nationale », tandis que, tout logiquement, la *Constitution impériale de 1849* remplace la notion de République par celle d'Empire. En revanche, la *Constitution de 1874* supprime ledit prédicat, tandis que la *Constitution de 1879* et celle de 1889 le pluralise en l'accordant à la fois avec la souveraineté et l'indépendance pour avoir « sa souveraineté et son indépendance nationales ». La

Constitution de 1946, quant à elle, ajoute « et les principes démocratiques qui doivent être le fondement de la vie ».

Néanmoins, c'est à partir de la *Constitution de 1950* que les préambules commencent à s'accuser longs. L'on retrouve sept motifs dans la *Constitution de 1950*, dix motifs dans celle de 1957, celle de 1964 et celle de 1971, onze motifs dans *la Constitution de 1983* contre les huit motifs déjà repris plus haut pour celle de 1987 amendée sous étude. Il appert de faire remarquer que le préambule de la *Constitution de 1957* reprend d'une part en un seul motif – le premier – l'ancienne formule préambulaire des constitutions susmentionnées dans la toute dernière version inscrite dans la *Constitution de 1946* et d'autre part elle subsume les sept motifs de la *Constitution de 1950*. Le préambule de la *Constitution de 1964* qui équivaut, *ad litteram*, à celui de la *Constitution de 1971* n'est différent de celui de 1957 qu'en réduisant ladite traditionnelle formule préambulaire au seul motif : « Pour consacrer sa Souveraineté ».

Cela dit, les préambules de ces quatre constitutions se rejoignent. Quant à celui de la *Constitution de 1983* dont le volume attire une attention particulière, je tiens à le reprendre tout en soutenant qu'il subsumerait les préambules de ces quatre dernières constitutions en dépit de ses reformulations avec force détails si jamais il reprenait le motif « pour rétablir l'équilibre des pouvoirs de l'État » commun à ces quatre constitutions. Le fragment de texte est repris dans l'encadré ci-après :

Le peuple haïtien proclame la présente Constitution pour :
• Consacrer son indépendance et réaffirmer avec conviction et solennellement les droits et les libertés de l'homme et du citoyen ; • Assurer et approfondir l'égalité, la justice, l'ordre, la paix intérieure, la sécurité, le respect de l'autorité et de

la puissance publique, la défense de l'unité de la nation, ainsi que la stabilité de ses institutions, le développement politique, économique et le progrès social et culturel ;

- Organiser une administration publique conforme aux missions de développement régional et national de l'État ;
- Garantir à la femme son éminente dignité de personne humaine ;
- Rappeler la fidélité aux normes internationales qui garantissent la paix et la coopération entre les nations ;
- Protéger les droits et les intérêts réciproques du salariat et du patronat ;
- Procurer à l'individu et à la famille les conditions nécessaires à leur épanouissement ;
- Garantir à toutes les catégories sociales le droit à l'éducation, à la formation professionnelle et à la culture ;
- Assurer à tous les citoyens un égal accès aux fonctions et services publics ;
- Rappeler la solidarité et l'égalité de tous les citoyens résidents ou expatriés devant l'impôt et les cataclysmes qui peuvent frapper la nation ;
- Constituer une nation haïtienne intégrée, socialement juste, économiquement libre et politiquement indépendante dans la pratique d'une démocratie sociale adaptée à ses mœurs et à ses traditions.

Il va sans dire que s'il s'agissait d'analyser à proprement parler le préambule de cette constitution, l'on verrait sourdre moult biais et redondances sinon une certaine désinvolture, mais eu égard à l'objet du présent exercice qui consiste à appréhender les rapprochements, seuls les biais et redondances du préambule de la *Constitution de 1987* amendée sont pris en compte et que, dès lors, il incombe de surligner. Si tant est que le préambule soit l'exposé préliminaire des motifs servant de *punctum Archimedis* à une constitution donnée, il ne s'avère pas incongru d'avancer qu'il trahit, *in fine*, la conception que les constituants se font de l'État, du droit, de la démocratie et des institutions en général. *In globo*, laquelle conception se trahit par le niveau d'abstraction des motifs et le cas échéant de leur nombre. Ainsi la *Constitution de 1987* amendée accuse-t-elle un concept minimaliste de démocratie qui, par conséquent, cèle des biais s'intriquant dans des motifs du préambule dont certains pourraient bien ne pas y être.

Il s'ensuit que les constituants réduisent le procès de la démocratie dans sa kyrielle de procédures au pluralisme idéologique, à l'alternance politique et à l'affirmation des droits inviolables comme l'expose le quatrième motif : « Pour implanter la démocratie qui implique le pluralisme idéologique et l'alternance politique et affirmer les droits inviolables du peuple haïtien. » Lequel réductionnisme va entraîner comme corollaire deux autres motifs différents dont l'un se porte sur la séparation des pouvoirs et l'autre sur l'établissement d'un État stable et fort. Tout se passe comme si ce que les constituants appellent l'implantation de la démocratie – le concept théorique convenable est plutôt l'émergence en lieu et place d'implantation – pourrait se concrétiser d'une part en dehors de la séparation des pouvoirs qui se veut l'un des marqueurs de trahison principiels d'un procès démocratique et que, le cas échéant, d'autre part, un État instable et faible pourrait consacrer la séparation des pouvoirs.

Pourtant, le premier symptôme d'un État faible est non seulement son instabilité mais aussi la concentration de tous les pouvoirs de l'État au seul Pouvoir exécutif, si ce n'est au seul Chef de ce dernier, indépendamment du titre qu'il porte. Quitte à reprendre respectivement le sixième motif : « Pour assurer la séparation, et la répartition harmonieuse des pouvoirs de l'État au service des intérêts fondamentaux et prioritaires de la Nation. » Et le troisième motif : « Pour rétablir un État stable et fort, capable de protéger les valeurs, les traditions, la souveraineté, l'indépendance et la vision nationale. »

Dès lors, les trois motifs peuvent se ranger dans l'idée d'instituation de la démocratie et le cas échéant pourraient être abordés d'un trait. De toute façon, l'idée de séparation et d'équilibre des pouvoirs a toujours été un motif préambulaire des quatre dernières constitutions précédant celle de 1983, attendu que ce motif se révèle plus explicite que l'idée d'une démocratie indigéniste à teneur kabbalistique qui n'est autre que la concrétion d'une dictature effective grimée dans la formule magique « de la pratique d'une démocratie sociale adaptée à ses mœurs et à ses traditions » reprise dans les trois dernières constitutions adoptées sous la baguette de la dynastie totalitaire des Duvalier et précédant celle de 1987 amendée. Pour ce qui concerne le présent exercice, l'enjeu est que la question de la séparation et de l'équilibre des pouvoirs consignés dans le préambule de la *Constitution de 1987* amendée n'est pas une création de cette dernière, mais plutôt une vielle question des constitutions haïtiennes et le cas échéant, elle ne saurait résulter d'une quelconque importation. Dit autrement, elle s'éloigne des arcanes que fait prévaloir le folklorisme médiatique.

Mutatis mutandis, il convient de scruter plus amplement les motifs du préambule de la *Constitution de 1987* amendée au regard de ceux de la *Constitution de 1983* en soutenant que les deux préambules se rapprochent, *nonobstant* des différences de formulation. La *Constitution de 1987* amendée n'a donc rien inventé ni importé pour ce qui concerne les motifs de son préambule définissant la tablature de son *punctum Archimedis*. Mis à part les trois motifs (troisième, quatrième, sixième) redondants symptomatiques du minimalisme déjà évoqués et commentés, il appert de faire remarquer que le premier motif préambulaire de la *Constitution de 1987* amendée équivaut à celui de la *Constitution de 1983*. Le deuxième motif préambulaire de la *Constitution de 1987* amendée reprend le onzième de celle de 1983 écourtée de la séquence traduite par les trois motifs redondants symptomatiques du minimalisme susmentionné. Le cinquième de la *Constitution de 1987* amendée renvoie au deuxième de la *Constitution de 1983*. Le septième de la *Constitution de 1987* amendée qui d'ailleurs se révèle ambigu reformule le troisième de la *Constitution de 1983*. *In fine*, le huitième de la *Constitution de 1987* amendée qui est un ajout de l'amendement (la première version de 1987 ne compte que sept motifs) retraduit à son gré le quatrième de la *Constitution de 1983*.

D'où il s'ensuit que le socle sur lequel table la *Constitution de 1987* amendée n'a nulle invention hormis des reformulations. Elle ne fait que retraduire le *substratum* du legs de ses prédécesseurs et le cas échéant elle n'importe nullement des agrégats quelconques pour combler son actif. Ce faisant, elle s'écarte des préjugés indigénistes que le folklorisme médiatique tente de lui infliger.

DIGRESSION SUR LA GRILLE D'ANALYSE DU CORPUS DE LA CONSTITUTION DE 1987 AMENDÉE

Aborder le corpus que forment les dispositions de la *Constitution de 1987* amendée pourrait conduire à passer en revue les titres avec leurs chapitres et sections en les comparant avec ceux de ses prédécesseurs. À cet égard, les articles ne seraient repris qu'au rythme de la nécessité d'élucidation et le cas échéant, seule la séquence expressément nécessaire serait reprise, et ce conformément à la norme de la citation dynamique ou systématique[37]. En revanche, considérant l'enjeu que sous-tend la présente étude, il conviendra, sauf exception de reprendre les articles des sections, chapitres et titres retenus pour la partie détaillée de l'analyse. *Grosso modo*, les sédimentations se porteront sur les 327 premiers articles comptant pour les séquences dont la plupart alimentent quotidiennement les préjugés médiatiques des indigénistes folkloristes. Les séquences non considérées étant dépendantes de celles-là.

Le principe défini pour les constitutions antérieures est le suivant. Chaque question (article ou section) donnera lieu à une archéologie des dispositions de toutes les constitutions précédant celle de 1987 amendée et la mention des références en termes d'articles sera faite à la constitution la plus antérieure dans la liste ou à défaut des constitutions antérieures qui fournissent la formulation

[37] Cf. Luné Roc PIERRE LOUIS, *Mythologie positiviste et cancérisation épistémologique. Une archéologie des impostures méthodologiques*, avec *additamentum* : *Une réflexion sur la norme de référence bibliographique ISO Z 44-005*, Paris, L'Harmattan, « Questions contemporaines », 2016.

jugée nécessaire au prix de mieux répondre à la comparaison à réaliser. Dans le cas contraire, l'usage des marqueurs quantificateurs de type : *toutes les constitutions antérieures*, *la plupart des constitutions antérieures*, *presque toutes les constitutions précédant celle de 1987 amendée*, *en général* ou de tout autre type de reformulations équivalentes.

Cela dit, il incombe de souligner la dimension contingente de l'analyse comparative. Toute comparaison étant nécessairement contingente, l'analyse comparative requiert d'aborder chaque thème à chaque fois en question. Toujours est-il que certaines séquences ne requièrent pas la comparaison au même prix, car engager, par exemple, des discussions sur des évidences telles les limites territoriales, la devise ou l'hymne national, bref sur tout ce qui renvoie à l'existence d'Haïti et à sa fiche signalétique, serait de concéder un sens aux préjugés ressortissants du folklorisme médiatique qu'il convient pourtant de confier à Libitine pour le transporter chez Hadès. Je passerai au premier titre.

2. Du titre I : De la République d'Haïti – son emblème – ses symboles

Le titre I se compose de deux chapitres. Le *chapitre I : De la République d'Haïti* s'étend sur 10 articles. *Prima facie*, l'article 1 définit avec précision le statut républicain de l'État d'Haïti. D'où : « Haïti est une République, indivisible, souveraine, indépendante, libre, démocratique et solidaire. » Cela étant, il convient de souligner que presque toutes les constitutions antérieures, à l'exception de la *Constitution impériale de 1805* et de la *Constitution royale de 1811* ont toujours revêtu Haïti du sceau de la République. Il y va de la *Constitution de 1849* qui, *in fine*, dispose d'un Empire républicain, *scilicet* elle consacre la cohabitation d'un Empire sous la médiation d'une tablature républicaine. Toutefois, il échoit de faire la digression pour soutenir qu'il ne fut pas rare que des écarts purent porter préjudice, compromettre voire anéantir même l'exercice d'un régime républicain, lequel requiert la médiation de la procédure de la souveraineté populaire. Mais les constitutions en disposent toujours, mises à part les exceptions en question.

En outre, les sept des neuf autres articles de la séquence disposent à l'instar de toutes les constitutions antérieures et à quelque nuance près des marqueurs caractéristiques d'Haïti dont la capitale, les couleurs, l'emblème, la devise nationale, l'hymne national, les langues officielles et l'unité monétaire. Ces marqueurs définitoires du pays adoptant la présente constitution ne constituent une quelconque matière à discussion ni sur l'antériorité de l'existence ou de la non-existence ni sur une quelconque importation. L'article 9 *codé article 7* prescrit l'interdiction formelle de tout culte de la personnalité et celle de la figuration des effigies et des noms des personnages vivants sur la monnaie, les timbres et les vignettes et tout usage pour les bâtiments publics, les rues et les ouvrages d'art.

Il échoit de faire remarquer qu'en général les constitutions antérieures abordèrent cette question, mais de manière moins systématique. La principale précision se fait sur les effigies de la monnaie nationale et ce, dès la *Constitution de 1843* qui au second alinéa de son article 182 dispose que « l'effigie ne peut être que celle de la République ». Ce que la *Constitution de 1879* renforce en précisant qu'au second alinéa de son article 178 que « la monnaie d'Haïti portera d'un côté les armes de la République et de l'autre effigie de la déesse de la Liberté », mais l'amendement du 14 septembre 1880 revient avec la formule consacrée par la *Constitution de*

1843. Autant dire que cette question n'a guère été une invention de la *Constitution de 1987* amendée.

Quant au *chapitre II : Du territoire de la République d'Haïti*, il renferme quatre articles. Lesquels disposent des limites territoriales d'Haïti. Tous ses prédécesseurs disposent explicitement du territoire d'Haïti, mais c'est, *in fine*, la *Constitution de 1983* qui, disposant dans des alinéas de son article 3, également de l'espace aérien, de la mer territoriale et du plateau continental, sert de matière à celle de 1987 amendée. Il y va des dispositions de l'inviolabilité, de la non-aliénation et du mode de division du territoire de la République, toutefois avec le changement de la notion de « section rurale » des constitutions antérieures par celle de « section communale ». Ce faisant, il résulte que la première séquence de la constitution ne saurait nullement s'enliser dans les eaux stygiennes des principaux préjugés médiatico-folkloristes qui au travers de leur double visage de Janus motive la présente étude. Dire que la définition d'Haïti comme république avec les marqueurs y relatifs et la délimitation de son territoire seraient à la fois un produit importé et sans précédent dans l'histoire ne saurait qu'aller à vau-l'eau. Qu'en est-il du titre II ?

3. Du titre II : De la nationalité haïtienne

Le titre II s'étend sur quatre articles, quitte à souligner que l'amendement dut procéder à l'abrogation de cinq articles qui auparavant firent couler beaucoup d'encre et de salive. Dit autrement, la séquence se réduit à sa simple expression où seul l'article 16 *codé article 11* dispose d'une manière substantielle la notion de nationalité haïtienne d'origine en établissant : « Possède la nationalité citoyenne d'origine, tout individu né d'un père haïtien ou d'une mère haïtienne qui eux-mêmes sont nés Haïtiens et n'ayant jamais renoncé à leur nationalité au moment de la naissance. » Les dispositions y relatives dans la *Constitution de 1983* se révèlent explicites, mais il ne convient pas d'y insister, attendu que la question a subi tant de métamorphoses dans les méandres de l'odyssée des constitutions antérieures. Nulle archéologie n'est requise si tant est que prédomine la contingence.

L'enjeu pour la présente étude est que toutes les constitutions ancêtres de la *Constitution de 1987* amendée motivant cette dernière définissent méticuleusement ce à quoi renvoie la notion de nationalité ou de citoyenneté en Haïti. Dès lors, ces dispositions, loin d'être donc sans précédent dans l'histoire d'Haïti, ont plutôt toujours été une préoccupation. Par conséquent, attendu qu'il s'agit de la définition de la nationalité ou de la citoyenneté haïtienne, ce serait un non-sens de dire que ce serait un ingrédient importé par ladite constitution. Encore faut-il souligner que les constituants ne se sont pas versés dans une quelconque philosophie politique où il conviendrait d'établir la nécessaire différence entre citoyenneté et nationalité. Place faite au titre III.

4. Du titre III : Du citoyen – des droits et devoirs fondamentaux

Le titre III demeure un grand thème dans la *Constitution de 1987* amendée sous étude. Il compte à son actif trois chapitres, 10 sections (notées de A à J) et 87 articles. Les trois chapitres font l'exposé respectif du *chapitre I : de la qualité du citoyen* ; du *chapitre II : des droits fondamentaux* ; puis du *chapitre III : Des devoirs du citoyen. Prima facie*, il est indéniable que parvenir à la proclamation de l'indépendance d'un État est déjà un acte qui garantit du moins cherche à garantir ou à consolider les droits des citoyens après les avoir définis, puis à les délimiter et en contrepartie à définir leurs devoirs. En effet, il n'est pas de constitutions ancêtres de celle de 1987 amendée sous étude qui n'ait pas explicitement abordé la question de la citoyenneté. Chacune l'a abordée à sa façon et toutes accusent, *in fine*, des analogies pour ce qui concerne le fond.

Quant à la forme, la *Constitution de 1987* amendée fait expressément l'assomption de la *Constitution de 1983*. La principale différence de la forme tient dans la subdivision. La *Constitution de 1983* regroupa en son seul titre II divisé en cinq chapitres ce que la *Constitution de 1987* amendée expose en trois titres différents. Aussi retrouve-t-on dans la *Constitution de 1983* le titre II qui s'intitule « Des droits et des devoirs des Haïtiens et des étrangers » avec respectivement les cinq chapitres : *De la nationalité haïtienne, des étrangers, des droits civils et politiques, des droits fondamentaux, des devoirs*. En contrepartie, la *Constitution de 1987* amendée dispose du titre II portant le titre « De la nationalité haïtienne » comme susmentionné, du titre III « Du citoyen – des droits et devoirs fondamentaux » en question et du titre IV « Des étrangers ». D'où l'on se trouve déjà fondé en droit pour avancer que les préjugés médiatico-folkloristes faisant prévaloir l'amalgame de l'invention et de l'importation ne se verront, *instabilis tellus, innabilis unda*, que danser sur des volcans. Toutefois, la présente étude s'adonne à scruter de manière plus détaillée chacune des séquences.

Le *chapitre I : de la qualité du citoyen* s'étaye sur cinq articles. La qualité de citoyen se définit par la jouissance, l'exercice des droits civils et politiques. La notion de la qualité de citoyen date de la *Constitution impériale de 1805*. En témoignent les dispositions des articles 7 et 8 de ladite constitution. Ce qui revient à dire qu'elle en a toujours été question dans les chartes fondamentales haïtiennes. Plus précisément, la notion trouve une définition précise à partir de la *Constitution de 1843* où l'article 9 dispose que « la réunion des droits civils et des droits politiques constitue la qualité de citoyen » et par la suite, les chartes fondamentales ultérieures la reprennent.

L'article 20 *codé article 16.2* de la *Constitution de 1987* amendée dispose que « l'âge de la majorité est dix-huit (18) ans ». La *Constitution de 1806* fixa l'âge de la majorité, du moins pour la jouissance des droits politiques, à 25 ans en disposant en son article 57 que « pour être électeur, il faut être âgé de 25 ans accomplis ». Quant à la *Constitution de 1807,* elle prescrivit dix ans pour le service militaire en disposant en son article 40 que « tout Haïtien, depuis l'âge de 10 ans jusqu'à celui de 50, doit ses services à l'armée chaque fois que la sûreté de l'État le requiert ». D'où l'âge de la majorité serait de dix ans, si tant est qu'il n'y ait pas tout à fait sens de demander à quelqu'un qui ne revêt pas la qualité de citoyen de défendre, pour reprendre les propres termes de ladite constitution, la sûreté de l'État.

Au-delà de cette conjecture, la *Constitution de 1843* précisa l'âge de la majorité en disposant en son article 11 que « tout citoyen âgé de 21 ans exerce les droits politiques [...] ». Aussi l'âge de la majorité demeura-t-il de 21 ans, si bien que la *Constitution de 1964* disposa en son article 8 que « tous les Haïtiens, âgés de vingt-et-un ans accomplis, de l'un et de l'autre sexe, exercent leurs droits civils et politiques [...] ». C'est à partir de la *Constitution de 1971* que la majorité passa à 18 ans et la *Constitution de 1987* amendée sous étude ne fait donc que reprendre cette disposition.

Ce faisant, c'est enfin le vœu prôné dans les années 1880 par L. J. Janvier qui se concrétise. Lui qui revendiqua le plus jeune âge possible pour arriver au timon des affaires de l'État à l'instar de l'Angleterre de William Pitt, de Robert Poel mais aussi de William Wilberforce qui, renchérit L. J. Janvier, « dès l'âge de 14 ans, plaidait éloquemment, et par lettres, la cause de l'abolition de l'esclavage des noirs[38] ». Parce que, poursuit L. J. Janvier, « le cerveau se dilate au maximum quand il est jeune ; il est riche en circonvolutions, il se gonfle sous l'impétueuse ondée sanguine plus que, quand, l'âge étant venu, il commence à s'atrophier[39] ». *Mutatis mutandis*, il échoit de faire remarquer que la *Constitution de 1987* amendée ne procède ni à une invention ni à une quelconque importation, mais reprend du moins reformule des dispositions qu'elle hérite de ses ancêtres.

Toutefois, il importe de souligner son article 22 *codé article 17-1* qui accuse un biais tendant à remettre en question les principes républicains qu'elle entend pourtant promouvoir en disposant : « Le principe de quota d'au moins trente pour cent (30%) des femmes est reconnu à tous les niveaux de la vie nationale, notamment dans les services publics. » Il s'ensuit une contradiction avec les principes républicains qui ne peuvent que promouvoir l'égalité inconditionnelle des dispositions et le cas échéant en dehors des conditions particulières relatives au sexe, à la couleur ou à l'origine sociale. La méritocratie se devrait d'être l'unique aune de référence. D'où l'aporie. L'assemblée chargée de l'amendement choisit sciemment de partir en jus de boudin. Je fais suite au chapitre II.

Le *chapitre II : des droits fondamentaux* se veut une séquence importante de cette constitution. Il renferme 10 sections (indiquées A-J) pour un total de 78 articles. La *Section A : Droit à la vie et à la santé* occupe six articles. De ces six articles, trois n'ont pas leur place expresse dans la section dont l'un traite de l'abolition systématique de la peine de mort et les deux autres du crime de haute trahison. Comment aborder le droit à la vie et à la santé

[38] Louis Joseph JANVIER, « Plaidoyer pour la jeunesse et les luttes politiques », *in Deux siècles de Constitutions Haïtiennes 1801-1987*, op. cit., p. 6.
[39] Louis Joseph JANVIER, *ibidem*, p. 6.

dans le même cadre que le crime de haute trahison ? Cela étant, l'amalgame que cause leur présence constitue un biais tant pour évaluer la section au regard des constitutions antérieures que les scruter à proprement parler. De trois autres articles, il importe d'attirer l'attention sur les dispositions de celui qui les résume, soit l'article 24 *codé article 19* qui dispose : « L'État a l'impérieuse obligation de garantir le droit à la vie, à la santé, au respect de la personne humaine, à tous les citoyens sans distinction, conformément à la Déclaration universelle des droits de l'homme. »

Ce faisant, ces dispositions définissent l'obligation de l'État haïtien quant à la survie de tout être à visage humain existant sur le territoire haïtien et qui choisit de vivre en Haïti. Le sens qu'accusent ces dispositions sous-tend des présupposés qui sont des acquis à consolider. En effet, si l'on fait l'économie d'une archéologie, l'on retrouve dans le même article 5 de la *Constitution de 1946*, de la *Constitution de 1957*, de la *Constitution de 1964* et de la *Constitution de 1971* qui dispose que « la vie et la liberté des Haïtiens sont sacrées et doivent être respectées par les individus et par l'État ». Mais ce serait nager à la surface si l'on ne tient pas compte des dispositions de six des huit premières constitutions haïtiennes. Il s'agit de l'abolition de l'esclave.

En effet, l'article 2 de la *Constitution impériale de 1805* disposa que « l'esclavage est à jamais aboli ». Il en alla de l'article 1 de la *Constitution de 1806*, des articles 1 et 2 de la *Constitution de 1807*, de l'article 1 de la *Constitution de 1816*, de l'article 8 respectif de la *Constitution de 1846* et de la *Constitution impériale* de 1849. *Mutatis mutandis*, il échoit de faire remarquer que le droit à la vie et le cas échéant à la survie présuppose la dignité de la personne humaine en tant qu'être, en tant qu'étant, en tant que suppôt. Avant d'y voir une question politique, il faut y voir le *substratum* d'une question ontologique. Il faut d'abord accepter l'Autre dans son être en tant qu'un être semblable à soi pour ensuite conclure à ses droits politiques.

La *Section B : De la liberté individuelle* s'étend sur 11 articles. Elle décline les droits civils mettant le citoyen face à l'État. Elle traite donc des dispositions de soi du citoyen face aux tiers ou aux pouvoirs publics par la médiation du pouvoir judiciaire dans sa matérialisation par des instances à chaque fois compétentes. Comme le présuppose l'abolition systématique de l'esclavage, toutes les constitutions haïtiennes qui précèdent la *Constitution de 1987* amendée sous étude disposèrent explicitement de la liberté individuelle. Pour vouer aux gémonies les impostures indigénistes sur cette constitution, il ne revient donc pas à reprendre telle ou telle disposition pour attester l'existence ou l'antériorité de tels droits fondamentaux, sauf à attirer l'attention sur les articles 5 et 6 des *Dispositions générales* de la *Constitution impériale de 1805* prescrivant respectivement que « nul ne pourra être jugé sans avoir été légalement entendu » et que « la maison de tout citoyen est un asile inviolable » ; puis de l'article 3 de la *Constitution de 1806* qui disposa que « les droits de l'homme en société sont : la *liberté*, l'*égalité*, la *sûreté*, la *propriété*[40] ».

La *Section C : De la liberté d'expression* occupe cinq articles. Elle dispose de la liberté d'expression individuelle, de la liberté d'exercice du journalisme et du droit de pétition. Pour les folkloristes médiatiques, la liberté d'expression en Haïti serait une invention datant de la *Constitution de 1987* dont la version amendée préoccupe la présente sédimentation. Pourtant, comme le dit l'Ecclésiaste (Qohelet), *nihil sub sole novum*, ni invention ni importation à l'inverse de ce que prétendent

[40] Les italiques sont des constituants.

les indigénistes folkloristes. Les dispositions de l'article 41 *codé article 28* de la *Constitution de 1987* amendée se retrouvent, sauf légères reformulations, respectivement dans le même article 26 de la *Constitution de 1806*, de la *Constitution de 1957*, celle de 1964 et celle de 1971, dans l'article 31 de la *Constitution impériale de 1849*, dans l'article 10 de la *Constitution de 1935* ou dans l'article 40 de la *Constitution de 1983*.

Cela dit, la *Constitution de 1806* traça la voie qu'allaient suivre toutes les chartes fondamentales ultérieures. Quitte à reprendre les dispositions de son article 26 qui prescrivirent que « nul ne peut être empêché de dire, écrire et publier sa pensée. Les écrits ne peuvent être soumis à aucune censure avant leur publication. Nul ne peut être responsable de ce qu'il a écrit ou publié que dans les cas prévus par la loi » en contrepartie de celles de l'article 41 *codé article 28* de la *Constitution de 1987* amendée qui dispose que « tout Haïtien a le droit d'exprimer librement ses opinions, en toute matière par la voie qu'il choisit ».

Il y va du droit de pétition qui, en revanche, subit des restrictions dans la *Constitution 1987* amendée sous étude, attendu qu'aucune pétition d'un ou de plusieurs citoyens ne peuvent s'adresser directement au Pouvoir Législatif. Lequel droit fut davantage étendu dans les constitutions antérieures à celle de 1957, à commencer bien entendu par celle de 1843 qui le consacra pour la toute première fois en disposant en son article 38 que « le droit de pétition est exercé personnellement par un ou plusieurs individus, jamais au nom d'un corps. Les pétitions peuvent adressées, soit au pouvoir exécutif, soit au pouvoir législatif ».

Mais, si tant est que l'article 45 *codé article 29* de la *Constitution de 1987* amendée qui dispose que « le droit de pétition est reconnu. Il est exercé personnellement par un ou plusieurs citoyens mais jamais au nom d'un corps » reprenne les dispositions de l'article 27 de la *Constitution de 1946* ou de l'article 26 de la *Constitution de 1950*, en rejoignant l'article 232 *codé article 127* disposant que « [...] Toute pétition adressée au Pouvoir législatif doit donner lieu à une procédure règlementaire permettant de statuer sur son objet » ne fait que reproduire les dispositions respectives du même article 33 de la *Constitution de 1957*, de celle de 1964, de celle de 1971 ou de l'article 44 de la *Constitution de 1983*. Bref, le droit de pétition dans la constitution sous étude ne saurait nullement emprunter la voie stygienne des préjugés médiatico-folkloristes.

La *Section D : De la liberté* de conscience s'étend sur trois articles. Les dispositions y relatives définissent la liberté de religion et de celle du culte. Il n'est pas une période dans l'histoire de la formation sociale haïtienne où cette question n'ait pas été d'actualité et les indigénistes ne cessent de l'attiser avec tous les préjugés imaginables. *Ab initio*, l'on rejoint les articles 50 et 51 de la *Constitution impériale de 1805* qui respectivement disposèrent que « la loi n'admet pas de religion dominante » et que « la liberté des cultes est tolérée ».

Mais la *Constitution de 1987* amendée dans ses article 46 *codé article 30,* article 47 *codé article 30-1*, article 47 *codé article 30-2*, reproduit – avec une légère modification – l'article 41 de la *Constitution de 1983* disposant que : « Toutes les religions et tous les cultes sont libres. Toute personne a le droit de professer sa religion et son culte, pourvu que l'exercice de ce droit ne trouble pas l'ordre public. Nul ne peut être contraint à faire partie d'une association religieuse ou à suivre un enseignement religieux contraire à ses convictions. La loi établit les conditions de reconnaissance et de fonctionnement des religions et des cultes. » Il n'est donc pas requis d'approfondir davantage, les préjugés folkloristes s'enlisent dans les eaux fluviales du Styx.

La *Section E : De la liberté de réunion et d'association* occupe cinq articles. L'article 49 *codé article 31* dispose que « la liberté d'association et de réunion sans armes à des fins politiques, économiques, sociales, culturelles ou à toutes autres fins pacifiques est garantie », tandis que l'article 52 *codé article 31-2* dispose que « les réunions sur la voie publique sont sujettes à notification préalable aux autorités de police ». Il n'est pas étonnant que les folkloristes médiatiques prétendent que ce droit soit une invention de la constitution préoccupant la présente archéologie, à moins qu'il provienne de l'importation.

Pourtant, si tant est que la liberté d'expression sous-tende celle d'association et de réunion dont disposa déjà la *Constitution de 1806*, la *Constitution de 1843* joua le rôle de métronome en disposant explicitement en son article 33 que « les Haïtiens ont le droit de s'assembler paisiblement et sans armes, même pour s'occuper d'objets politiques, en se conformant aux lois qui peuvent régler l'exercice de ce droit, sans néanmoins le soumettre à une autorisation préalable. Cette disposition ne s'applique point aux rassemblements dans les lieux publics, lesquels restent entièrement soumis aux lois de police » et en son article 34 que « les Haïtiens ont le droit de s'associer, ce droit ne peut être soumis à aucune mesure préventive ». Cela étant, il s'ensuit donc que ledit droit n'est ni l'apanage de la *Constitution de 1987* amendée sous étude, encore moins un produit importé d'un Autre. Elle ne fait que le reprendre.

Un second moment de la section se porte sur les partis et groupements politiques. L'article 50 *codé article 31-1* dispose des droits et des obligations des partis politiques conformément à la lettre de la *Constitution de 1987* amendée. Amplification de la liberté d'expression et particulièrement extension de la liberté de réunion et d'association, c'est pourtant à partir de la *Constitution de 1946* que la notion de parti politique figure dans les dispositions constitutionnelles, à côté de celle de syndicat et de coopérative. C'est ce que l'on retrouve respectivement dans les dispositions de l'article 26 de la *Constitution de 1946*, de l'article 25 de la *Constitution de 1950*, du même article 32 de la *Constitution de 1957*, de celle de 1964, de celle de 1971 et de l'article 43 de la *Constitution de 1983*.

Quitte à faire la digression pour dire qu'en annexe du recueil *Deux siècles de constitutions haïtiennes 1801-1987* servant de sédiments à la présente étude, se trouve joint le texte de 51 articles intitulé *Loi de 1985 règlementant l'organisation et le fonctionnement des partis politiques en Haïti*. Cela dit, la question des partis politiques n'est guère une quelconque invention de la *Constitution de 1987* amendée sous étude. *In fine*, l'on retrouve dans la section les dispositions de l'article 51 *codé article 31-1-1* avec les mêmes ambiguïtés que celles de l'article 22 *codé article 17.1* disposant du quota de 30% pour les femmes.

La *Section F : De l'éducation et de l'enseignement* s'étaye sur 14 articles. Ceux-ci disposent de la liberté de l'éducation et de la liberté de l'enseignement *in actu exercito*, de l'obligation de l'enseignement fondamental ou de la scolarisation universelle et de sa gratuité, du contrôle par l'État, des exigences faites à l'État et de l'inviolabilité des établissements scolaires et des établissements universitaires. La *Constitution de 1987* amendée sous étude consacre 14 articles à ce que ses prédécesseurs ne consacrent qu'un ou deux articles, peut-être ce mythe de la quantité pousse-t-il les folkloristes à s'auto-illusionner que seule cette constitution dispose de la question de l'éducation et de l'enseignement. Aussi l'archéologie des constitutions ancêtres de celle de 1987 amendée préoccupant la présente étude révèle-t-elle que la question fut à l'ordre du jour dès la *Constitution impériale de 1805* et que seules la *Constitution de 1806* et la *Constitution royale de 1811* n'en disposèrent guère. La *Constitution impériale de 1805* prévit en l'article 19 de ses *Dispositions générales* l'établissement de six écoles publiques, attendu que l'article 15 de cette constitution disposa de six divisions militaires, à raison d'une école publique par division militaire. La *Constitution de 1807* conféra déjà la liberté d'enseignement en consacrant « Titre VIII : De l'éducation publique » où l'article 34 prescrivit : « Il sera établi dans chaque division une école centrale et des écoles particulières dans chaque arrondissement. Il sera cependant loisible à tout citoyen de tenir des maisons particulières. »

Toujours importe-t-il de surligner successivement et progressivement les dédales de la question dans les méandres des dispositions constitutionnelles. Aussi la *Constitution de 1816* y consacra-t-elle son article 36. La *Constitution de 1843*, quant à elle, dans son article 31 disposa de la gratuité de l'enseignement et de la création des écoles supérieures ou secondaires. La *Constitution de 1846* y consacra son article 36 et la *Constitution impériale de 1849* son article 35. La *Constitution de 1867* y consacra son long article 29 qui disposa également de la création des écoles agricoles et des écoles professionnelles. La *Constitution de 1874* y consacra ses articles 33 et 34.

Mises à part les dispositions renvoyant aux constitutions antérieures, l'article 33 de la *Constitution de 1874* disposa de l'école primaire obligatoire, tandis que l'article 34 en son troisième alinéa prévit la création de cinq écoles d'arts et métiers à raison d'une par chef-lieu de département, attendu que son article 3 disposa que Haïti comptait cinq départements. La *Constitution de 1879* y consacra son très long article 30 qui en outre disposa de l'extension de la gratuité de l'enseignement à tous les niveaux et prescrivit que « des écoles normales primaires seront fondées pour former des instituteurs primaires, et des écoles normales supérieures seront créées pour former le personnel de l'enseignement secondaire de nos lycées ».

La *Constitution de 1888* y consacra son article 18, tandis que la *Constitution de 1889* y consacra son article 24. La *Constitution de 1918* amendée y consacra son article 18, tandis que la *Constitution de 1932* qui y consacra son article 19 demeura la première charte fondamentale à disposer de la question universitaire en prescrivant en outre que « l'instruction publique est gratuite à tous les degrés, sans préjudice des conditions d'admission et des droits universitaires établis par la loi ». La *Constitution de 1935* y consacra son article 11 et celle de 1946 son article 23. La *Constitution de 1950* y consacra son article 22 qui en outre disposa de la généralisation de l'enseignement technique et professionnel et établit que « l'accès aux études supérieures doit être ouvert en pleine égalité à tous, uniquement en fonction du mérite ».

La *Constitution de 1957*, celle de 1964, celle de 1971 reprirent *ad litteram* respectivement en leur article 29 et la *Constitution de 1983* en son article 49 les mêmes dispositions que l'article 22 de la *Constitution de 1950*, quitte à souligner que la *Constitution de 1983* conféra au second alinéa de son article 153 le statut d'organisme indépendant à l'Université d'État d'Haïti en disposant également au premier alinéa de son long article 156 qu'elle « est l'organisme central responsable de l'enseignement supérieur et de la recherche ». Tel fut le cadastre de la question préexistant à l'adoption de la *Constitution de 1987* et le cas échéant il n'est guère d'importation ni d'invention, attendu que seule l'inviolabilité des établissements scolaires et universitaires demeure une disposition spécifique de la *Constitution de 1987* amendée sous étude. Quitte à faire la digression pour dire que l'Université d'État d'Haïti choisit cyniquement de se prostituer en faisant venir, *per fas et nefas*, des forces policières en son sein.

La *Section G : De la liberté du travail* occupe l'espace de sept articles. Cette section dispose de la liberté de travail qui coexiste expressément avec le devoir que le travail sous-tend. L'article 68 *codé article 35* dispose que « la liberté de travail est garantie. Tout citoyen a pour obligation de se consacrer à un travail de son choix en vue de subvenir à ses besoins et à ceux de sa famille, de coopérer avec l'État à l'établissement d'un système de sécurité sociale ». L'article 69 *codé article 35.1* dispose que « tout employé d'une institution privée ou publique a droit à un juste salaire, au repos, au congé annuel payé et au boni ». La même section G dispose en outre de l'égalité des conditions de travail et de salaire, de la liberté syndicale et du droit de grève. Eu égard aux arcanes des préjugés médiatico-folkloristes, qu'en est-il des constitutions antérieures ?

La question du droit du travail s'impose comme matière à législation à compter de la *Constitution de 1946* qui y consacra les dispositions de ses articles 18 et 19. Si tant que l'on prenne pour étalon la *Constitution de 1987* amendée, il appert que la *Constitution de 1946* disposa déjà de la plupart des droits relatifs à la liberté de travail. Le boni et le droit de recours à la grève n'y furent toutefois pas mentionnés. Ses successeurs, prédécesseurs de la *Constitution de 1987* amendée, ne prirent pas la tangente. La *Constitution de 1950* y consacra les dispositions de ses articles 16 et 17, tandis que la *Constitution de 1957*, celle de 1964 et celle de 1971 y consacrèrent respectivement les dispositions de leurs articles 23 et 24. Chacune de ces quatre constitutions, en outre, disposa que « c'est une obligation morale pour l'employeur de contribuer, suivant ses moyens, à l'éducation de ses travailleurs illettrés ». Ces dispositions que la *Constitution de 1987* amendée allaient supprimer purement et simplement, la *Constitution de 1983* les traduisirent par l'expression de « perfectionnement de ses connaissances professionnelles ».

En effet, la *Constitution de 1983* consacra les dispositions de ses articles 37 et 38 à la question du droit du travail. Lesquelles dispositions étayées sur deux articles allaient servir de matière à celles de la *Constitution de 1987* amendée qui elle les développe sur sept articles, à l'exclusion du droit de grève. Dit autrement, la *Constitution de 1987* amendée ne fait que reformuler les dispositions de la *Constitution de 1983* régissant la question avec l'ajout du droit de grève, lequel fut suspendu sous l'impulsion des constitutions qui portèrent l'empreinte de François Duvalier quant à son entrée en scène dans l'arène politique haïtienne. Encore faut-il faire la digression pour souligner que ledit droit devient l'un des rares droits consacrés par la constitution sous étude à s'imposer en Haïti en dépit des errances de son fonctionnement mythique et mythologique. Par conséquent, le droit du travail n'est ni une invention de la *Constitution de 1987* amendée ni un produit importé de l'ailleurs d'un Autre.

La *Section H : de la propriété* s'étaye sur 10 articles dont les principales dispositions sont les suivantes. L'article 75 *codé article 36* dispose que « la propriété privée est reconnue et garantie. La loi en détermine les modalités d'acquisition, de jouissance, ainsi que les limites », tandis que l'article 80 *codé article 36-5* dispose que « le droit de propriété ne s'étend pas au littoral, aux sources, rivières, cours d'eau, mines et carrières. Ils font partie du domaine public de l'État ». L'article 83 *codé article 38*, pour sa part, dispose que « la propriété scientifique, littéraire et artistique est protégée par la Loi ». La section H dispose en outre de l'expropriation pour cause d'utilité publique et des obligations résultant de la propriété. Pour ce qui concerne les constitutions antérieures à la *Constitution de 1987* amendée sous étude, il appert de faire remarquer que la question du droit de propriété demeure l'une des dispositions constitutionnelles des premières heures.

Aussi l'article 3 de la *Constitution de 1806* (susmentionné) plaça-t-il la propriété sur la même tablature que la liberté, l'égalité et la sûreté. Cette constitution disposa en son article 7 de la définition de la propriété qui « est le droit de jouir et de disposer de ses biens, de ses revenus, du fruit de son travail et de son industrie » et en son article 8 qui consacra que « la propriété est inviolable et sacré [...]. Quiconque porte atteinte à ce droit se rend criminel envers la personne troublée dans sa propriété ». La *Constitution de 1807* suivit son prédécesseur direct en disposant en son article 4 que « les propriétés sont sous la sauvegarde du gouvernement ; tout attentat contre les propriétés d'un citoyen, est un crime que la loi punit ». Leurs successeurs ne prirent pas la tangente, mais il revint à la *Constitution de 1983* d'en assurer le *summum.* Cette constitution y consacra les dispositions de ses articles 32, 33, 34, 35 et 36 et celles-ci se révélèrent davantage explicites que celles de la *Constitution de 1987* amendée y relatives. En d'autres termes, la *Constitution de 1987* amendée ne fait que retraduire de manière plus ou moins imparfaite les dispositions de la *Constitution de 1983* et ce faisant, le droit de propriété ne saurait être considéré comme étant une invention de celle-là, encore moins un produit importé comme le prétendent les préjugés folkloristes des indigénistes.

La *Section I : Droit à l'information* s'étend sur l'article 85 *codé article 40*. Celui-ci dispose : « Obligation est faite à l'État de donner publicité par voie de presse parlée, écrite et télévisée, en langues créole et française aux Lois, Arrêtés, Décrets, Accords Internationaux, Traités, Conventions, à tout ce qui touche la vie nationale, exception faite pour les informations relevant de la sécurité nationale. » *Prima facie*, il appert de faire remarquer que le droit à l'information est contigu à ceux de la liberté d'expression, de réunion et d'association, attendu que l'information se doit de servir de substrat à l'émission de la libre opinion motivée et à ses corollaires dont la réunion et l'association, sous réserve que les citoyens se réunissent et s'associent aux fins de l'exercice de la citoyenneté.

Dès lors, il incombe de surligner la teneur contingente du droit à l'information qui se doit de prendre en compte les supports ou *media* par lesquels son exercice peut se matérialiser, considérant que les supports subissent des transformations au fil du temps. *Secunda facie*, le droit à l'information est également contigu à celui relevant de la liberté d'enseignement impliquant celle d'apprentissage et de formation et le cas échéant d'information. Cela étant, il s'ensuit que le droit à l'information aussi formelle que puisse s'avérer l'information en question n'est guère indépendante de tous ces droits déjà traités plus haut et qu'il ne s'agit ni une invention de la *Constitution de 1987* amendée sous étude ni non plus une importation comme le diraient les folkloristes médiatiques.

La *Section J : Droit à la sécurité* ferme le deuxième chapitre avec 16 articles. Il est évident qu'il s'agit d'une section à large éventail. Toutefois, elle accuse les mêmes biais que l'on rencontra dans la section sur le droit à la vie et à la santé : certaines dispositions n'ont guère leur place dans la section. Cela étant, la *Constitution de 1987* amendée accuse un manque de titres où chaque disposition trouverait leur juste place. Tout comme les dispositions relatives au crime de haute trahison n'ont nullement leur place dans la section sur le droit à la vie et à la santé, il y va des dispositions portant sur la pension civile de retraite, la justice militaire, le conflit entre civils et militaires.

D'ailleurs, l'article 89 *codé article 42-1* fournit un argument probant pour entériner la thèse selon laquelle certaines dispositions ne sont pas à leur juste place et le cas échéant cela constitue un véritable *quiproquo* ne pouvant que concourir à biaiser l'analyse. En effet, l'article 89 *codé article 42-1* de la présente section dispose que « le crime de haute trahison est puni de la peine des travaux forcés à perpétuité sans commutation de peine », tandis que dans la section consacrée au droit à la vie et à la santé, l'article 26 *codé article 21* dispose de la définition du crime de haute trahison et que l'article 27 *codé article 21-1* dispose de la peine relative auquel crime. D'où il s'ensuit une aporie, parce que, *in fine*, aucune de ces dispositions n'est à la place qui devrait leur être allouée.

Mutatis mutandis, il échoit d'aborder la section de manière substantielle. Il convient d'y distinguer divers moments principaux sur lesquels il importera d'insister. Le présent exercice en prendra six en compte. *Primo*, l'article 86 *codé article 41* interdit l'extradition d'un ressortissant haïtien en disposant : « Aucun individu de nationalité haïtienne ne peut être déporté ou forcé de laisser le territoire national pour quelque motif que ce soit. Nul ne peut être privé pour des motifs politiques de sa capacité juridique et de sa nationalité. » Avant de procéder à l'archéologie de la question, il appert de faire remarquer le *quiproquo* qu'induisent les dispositions de cet article pour ce qui concerne la différence entre déportation et extradition. Pourtant, l'on déporterait un ressortissant étranger, tandis que l'on extraderait un ressortissant national. D'où l'ambiguïté.

En revanche, les constitutions haïtiennes allant de celle de 1946 à celle de 1971 disposèrent de l'extradition et ce en matière politique. Aussi l'article 31 de la *Constitution de 1946* disposa-t-elle que « l'extradition ne sera ni admise ni sollicitée en matière politique ». Il y va de l'article 30 de la *Constitution de 1950*, puis respectivement du même article 37 de la *Constitution de 1957*, de celle de 1964 et de celle de 1983 où les mêmes dispositions sont *ad litteram* reprises. Ce faisant, la question ne saurait grossir le lot des préjugés indigénistes motivant cette étude.

Secundo, l'article 88 *codé article 42* dispose : « Aucun citoyen civil ou militaire ne peut être distrait des Juges que la Constitution et les Lois lui assignent ». Depuis la *Constitution de 1806* par le biais des prescrits qu'elle établit en son article 128, toutes les constitutions, à l'exception de la *Constitution de 1807* et de la *Constitution royale de 1811*, disposent de la présente interdiction. Mais ces dispositions de la *Constitution de 1987* amendée sous étude ne font que reprendre la première séquence de l'article 26 de la *Constitution de 1983*. Cela étant, lesquelles dispositions ne sont pas une invention de la constitution sous étude, encore moins une importation d'un Autre, comme le laissent entendre les logomachies médiatiques des indigénistes.

Tercio, l'article 92 *codé article 43* dispose : « Aucune visite domiciliaire, aucune saisie de papiers ne peut avoir lieu qu'en vertu de la Loi et dans les formes qu'elle prescrit. » Une archéologie dans les constitutions révèle que les dispositions du présent article font partie des plus anciennes de la République. Déjà la *Constitution impériale de 1805* disposa-t-elle en l'article 6 de ses *Dispositions générales* que « la maison de tout citoyen est un asile inviolable ». Lesquelles dispositions, la *Constitution de 1806* les reprit à son compte en son article 24, tandis que l'article 25 prescrivit déjà la majeure partie de la matière des dispositions que reprend la *Constitution de 1987* amendée quant à elle. Ledit article 25 disposa : « Aucune visite domiciliaire ne peut avoir lieu qu'en vertu d'une loi et pour la personne ou pour l'objet expressément désigné dans l'acte qui ordonne la visite ».

Mais, il revint à la *Constitution de 1843* de peaufiner la question en disposant en son article 21 que « la maison de tout citoyen est un asile inviolable. Aucune visite domiciliaire, aucune saisie de papiers ne peut avoir lieu qu'en vertu de la Loi et dans les formes qu'elle prescrit ». Ce faisant, c'est donc le second alinéa du présent article que la *Constitution de 1987* amendée reprend à son compte et le cas échéant il n'est nullement question d'une invention de cette dernière, ni d'un produit importé comme le clameraient les indigénistes folkloristes.

Quarto, l'article 99 *codé article 49* dispose : « La liberté, le secret de la correspondance et de toutes les autres formes de communication sont inviolables. Leur limitation ne peut se produire que par un acte motivé de l'autorité judiciaire, selon les garanties fixées par la loi. » C'est déjà à la *Constitution de 1843* qu'il incombe de faire référence. Celle-ci en son article 36 disposa que « le secret des lettres est inviolable. La loi détermine quels sont les agents responsables de la violation du secret des lettres confiées à la poste ». Ces dispositions restèrent à quelque différence près les mêmes jusque la *Constitution de 1971* et les grandes modifications remontèrent à la *Constitution de 1983* et la *Constitution de 1987* amendée ne fait que reformuler à son tour celles de cette dernière. En effet, la *Constitution de 1983* disposa : « Le secret de la correspondance est inviolable. Néanmoins les lettres et documents privés pourront être interceptés par l'autorité dans l'unique but de rechercher des preuves judiciaires et moyennant une décision de justice [...] ». Il ne s'ensuit ni invention ni importation comme le laissent croire les augures médiatico-folkloristes.

Quinto, l'article 100 *codé article 50* dispose : « Dans le cadre de la Constitution et de la Loi, le Jury est établi en matière criminelle pour les crimes de sang et en matière de délits politiques. » Pour ce qui concerne les chartes fondamentales antérieures, l'archéologie réalisée révèle que les dispositions du présent article firent l'objet d'un véritable rallye stygien pour autant que les changements ne soient pas grands. La *Constitution de 1843* disposa en son article 32 que « le jury est établi en toutes matières criminelles, et pour délits politiques et de presse [...] ». Ces dispositions demeurèrent presque toujours les mêmes jusqu'à la *Constitution de 1983*, à l'exception de la version amendée de 1928 de la *Constitution de 1918*, donc de la *Constitution de 1918* amendée qui prescrivit : « Le Jury est établi en matière criminelle, dans les cas qui seront déterminés par la loi. » Cela dit, il résulte que la *Constitution de 1987* ne fait que reprendre au prix d'une reformulation ou d'une réadaptation, elle n'invente ni importe d'un quelconque Autre comme le claironneraient les indigénistes folkloristes.

Sexto, l'article 101 *codé article 51* dispose : « La loi ne peut avoir d'effet rétroactif, sauf en matière pénale quand elle est favorable à l'accusé. » Les sédimentations des constitutions antérieures accusent que les dispositions du présent article ont toujours été à l'ordre du jour. Aussi retrouve-t-on l'article 5 de la *Constitution impériale de 1805* qui disposa que « la loi n'a pas d'effet rétroactif ». Pour sa part, la *Constitution de 1843* procéda à l'ajout d'une précision et dès lors son article 22 conféra : « Aucune loi ne peut avoir d'effet rétroactif. La loi rétroagit toutes les fois qu'elle ravit les droits acquis ».

Mais la *Constitution de 1987* amendée sous étude ne fait que reprendre *ad litteram* les dispositions de l'article 29 de la *Constitution de 1983*. Autant dire que de telles dispositions ne se croisent nullement avec les préjugés médiatico-folkloristes au travers de leur traversée hadale. *In fine*, il y va de l'ensemble des droits où les dispositions de deux seuls articles qui sont des créations de l'amendement de la *Constitution de 1987* ne font que se révéler ambigus voire contradictoires avec les principes républicains que consacre cette constitution républicaine. Quand est-il des devoirs ?

Le *chapitre III : Des devoirs du citoyen* s'étend sur quatre articles. L'article 102 *codé article 52* dispose : « À la qualité de citoyen se rattache le devoir civique. Tout droit est contrebalancé par le devoir correspondant. » Tandis que l'article 103 *codé article 52-1* dispose de la définition de la notion de devoir civique qui consiste en « l'ensemble des obligations du citoyen dans l'ordre moral, politique, social et économique vis-à-vis de l'État et de la Patrie » et un nombre de 13 obligations ont été identifiées. L'article 105 *codé article 52-3* consacre également un service mixte obligatoire, mais les dispositions demeurent plus explicites dans le cas de l'article 457 *codé article 268* renvoyant au service militaire.

Par ailleurs, l'on retrouve déjà la *Constitution impériale de 1805* qui en son article 9 disposa que « nul n'est digne d'être Haïtien, s'il n'est bon père, bon fils, bon époux, et surtout bon soldat ». Quant à la *Constitution de 1806*, elle y consacra les dispositions de huit articles allant de 16 à 23. Il échoit de surligner particulièrement les dispositions de l'article 16 qui prescrivit : « Tous les devoirs de l'homme, du citoyen dérivent de ces deux principes gravés par la nature dans les cœurs. Ne faites pas à autrui ce que vous ne voudriez pas qu'on vous fasse.

Faites constamment aux autres tout le bien que vous en voudriez recevoir. »

Cela dit, la *Constitution de 1806* prescrivit l'éthique de la réciprocité énoncée dans la *Règle d'or* faisant l'objet du second alinéa de l'article 16. Toujours incombe-t-il de faire remarquer que la *Règle d'or* n'a jamais cessé de susciter des réflexions et le cas échéant de définition de position et ce, depuis Pittacos de Mytilène (650 av. J.-C. – 570 av. J.-C.) jusqu'à l'Évangile selon Saint Matthieu. Chez ce dernier, la *Règle d'or* se lit *Regula caritatis*, la *Règle de charité* où il confesse : « *Omnia ergo quaecumque vultis ut faciant vobis homines, et vos facite illis*[41]. » Et depuis Saint Matthieu, il n'est pas d'époque de l'histoire de l'Humanité qui n'ait pas abordé la *Règle d'or* et quant à la nôtre, il importe de citer le nom de Paul Ricœur dans *Soi-même comme un autre*[42].

Néanmoins, la *Constitution de 1987* amendée sous étude, pour ce qui concerne les dispositions relatives aux devoirs du citoyen, c'est surtout de la *Constitution de 1946* qu'elle hérite tout d'abord de la définition qu'elle y consacre et de la *Constitution de 1983* du contenu. Celle-ci ayant consacré le chapitre V de son titre II aux devoirs (du citoyen). Cela étant, il n'est ni invention ni importation comme le laisseraient entendre les indigénistes folkloristes et leurs préjugés quotidiens tombent de leur plus belle chute dans les eaux fluviales du Styx.

5. Du titre IV : Des étrangers

Le titre IV de la *Constitution de 1987* amendée dispose des droits et devoirs des ressortissants étrangers. Il s'étend

---

[41] « *Sanctum Iesu Christi Evangelium secundum Mattheum* », 7, 12, *in* Biblia Sacra, Vulgatae Editionis, Roma,
1914 (MCMXIV).
[42] Cf. Paul RICŒUR, *Soi-même comme un autre*, Paris, Seuil, 1990.

sur 11 articles. *Grosso modo*, si tant est que la constitution admette trois niveaux d'échelon de citoyenneté, soit respectivement l'haïtianité d'origine, l'haïtianité acquise et le ressortissant étranger, ce dernier y est au troisième niveau. En dehors des restrictions relatives à la propriété immobilière et le cas échéant foncière, les différences résident dans l'exercice des droits politiques. Tout comme des Haïtiens d'origine jouissent des privilèges supérieurs par rapport aux Haïtiens ayant acquis la citoyenneté haïtienne par la suite, ces derniers en jouissent davantage que les ressortissants étrangers. Par ailleurs, les droits en sont les mêmes et les devoirs y correspondent en contrebalancement ou en contrepartie. Dès lors, l'on retrouve la même question dans les ancêtres de la *Constitution de 1987* amendée avec les différences relatives à chaque fois à la constitution en question. Dit autrement, le droit des étrangers a toujours été l'objet des dispositions constitutionnelles haïtiennes. D'où l'on s'écarte des préjugés folkloristes motivant la présente étude. J'aborderai dans les paragraphes ci-après le titre V.

6. Du titre V : De la souveraineté nationale

Le titre V portant sur la souveraineté nationale est la pierre philosophale de la constitution sous étude. Je soutiens la thèse selon laquelle le respect des dispositions de ce titre impliquera celui de toute la constitution, tandis que sa violation demeure la source de tous les préjugés et toutes les confusions faisant croire qu'il faudrait une nouvelle constitution qui serait nationale voire populaire et qui répondrait à la réalité haïtienne et le cas échéant serait la source de la stabilité en Haïti même au cas où les acteurs agiraient avec autant de désinvolture et sans le moindre sens de responsabilité. Ce titre compte à son actif cinq chapitres, 16 sections et couvre 211 articles. L'on y retrouve : *de la souveraineté nationale* à proprement parler, *des collectivités territoriales et de la décentralisation* ; *du Pouvoir législatif* ; *du Pouvoir exécutif* ; *du Pouvoir judiciaire* ; *de la Haute-Cour de justice*.

Conformément à la grille d'analyse définie, il incombe, pour l'amplification de l'analyse, de prendre séparément en compte chacun des six points, comme il en fut antérieurement. Soit respectivement :

a. Titre V : De la souveraineté nationale

Ce premier moment introduit ce long titre. Ses dispositions s'étendent sur six articles. Il s'agit d'une part de la définition et de l'exercice des prérogatives de la souveraineté et de la délégation de cet exercice et d'autre part, du principe de l'indépendance impliquant celui de la séparation systématique des pouvoirs. En effet, la *Constitution de 1987* amendée sous étude en son article 117, *codé article 58*, dispose que « la souveraineté nationale réside dans l'universalité des citoyens. Les citoyens exercent directement les prérogatives de la Souveraineté par : a. l'élection du président de la République ; b. l'élection des membres du Pouvoir législatif ; c. l'élection des membres de tous autres Corps ou de toutes Assemblées prévues par la Constitution et par la Loi ». Les citoyens en délèguent l'exercice aux trois Pouvoirs – le Législatif, l'Exécutif, le Judiciaire – constituant le *punctum Archimedis* de l'organisation de l'État auquel s'ajoute le prédicat civil. Chaque Pouvoir est principiellement indépendant et de ce fait, ni peut ni étendre ses attributions ni les déléguer à l'un des autres et le cas échéant la constitution dispose que la responsabilité entière se rapporte aux actes distinctifs de chaque pouvoir.

Mutatis mutandis, la constitution préoccupant le présent exercice ponctue la souveraineté nationale sur la procédure de la souveraineté populaire, quitte à souligner que celle-ci requiert, *prima facie*, l'engagement et la responsabilité de soi des citoyens plutôt que la seule participation électorale pour autant que cette dernière confère une participation à l'organisation de l'État par délégation de pouvoir à des mandataires. Aussi avancé-je que la séquence précédente demeure l'enjeu de la constitution. Qu'en était-il de ses ancêtres ?

La *Constitution de 1806* qui entendait inscrire le nouvel État souverain dans le cheminement des principes républicains disposa en son article 12 que la « souveraineté réside essentiellement dans l'universalité des citoyens ; nul individu, nulle réunion partielle de citoyens ne peut s'attribuer la souveraineté ». Cette constitution définit également l'exercice des trois pouvoirs de l'État, quitte à préciser qu'elle ne disposa que le Sénat seul. La Haute-Cour de justice y vit également le jour. Pour sa part, la *Constitution de 1816* reproduisit les mêmes dispositions que celles dudit article 12, mais c'est à partir de la *Constitution de 1843* que l'on retrouve une plus ample élaboration et les dispositions y relatives occupèrent les articles 42, 43, 44 et 45. Ses successeurs directs ne prirent pas la tangente. Aussi retrouva-t-on les mêmes dispositions dans les articles 43, 44 et 45 de la *Constitution de 1846*, tandis que la *Constitution impériale de 1849* les reprit dans les articles 42, 43 et 44.

Dès lors, si l'on s'arrête de faire des références plus anciennes, l'on tiendra qu'il ne s'agit guère, mises à part les contingences y relatives, d'une quelconque invention de la *Constitution de 1987* amendée préoccupant la présente archéologie, mais ce sera prêter le flanc au doute si l'on ne jette pas un coup d'œil sur les trois dernières constitutions la précédant, à savoir la *Constitution de 1964*, celle de 1971 et celle de 1983. En effet, la *Constitution de 1987* amendée sous étude ne fait que reprendre à sa convenance pour le compte de son article

117, *codé article 58*, les dispositions de l'article 46 de la *Constitution de 1964* et de celle de 1971 et de l'article 58 de la *Constitution de 1983*, à l'exception de la disposition renvoyant au recours de la voie référendaire, quitte à souligner que toutes ces trois constitutions prônent le monocaméralisme du Pouvoir législatif.

Ainsi lit-on dans l'article 46 de la *Constitution de 1964* et de celle de 1971 : « La Souveraineté Nationale réside dans l'universalité des citoyens. Le peuple exerce directement les prérogatives de la Souveraineté : 1ère Par l'élection du Président de la République ; 2ème Par l'élection des membres de la Chambre Législative ; 3ème Par l'élection des conseillers communaux ; 4ème Par l'opinion qu'il peut, par voie de référendum, émettre sur toutes les questions l'intéressant et au sujet desquelles il est consulté par le chef du pouvoir exécutif… » Quant à la *Constitution de 1983*, elle reprit les mêmes dispositions en son article 58 en inversant la troisième et la quatrième.

Cela étant, aucune question renvoyant aux préjugés sur la *Constitution de 1987* ne se pose. Toujours est-il fondé en droit de se poser la question qui se doit de se porter sur le mode de participation quant à l'exercice des prérogatives de la souveraineté nationale et de la délégation de cet exercice ou encore sur le mode de concrétion des dispositions y relatives, mais tel sera un autre problème. Aussi existe-t-il une nette différence selon que l'on est en présence d'un régime qui confère des mandats à des postes électifs ou en présence d'un royaume ou d'un empire dynastique ou d'une présidence à vie avec privilège de désignation de son successeur, selon que l'on est en présence d'un régime à des scrutins de second degré que l'on peut qualifier tantôt de simples (cas de la *Constitution de 1816*), tantôt de complexes – cas de toutes les constitutions qui admettent la coexistence des assemblées primaires et des assemblées électorales pour élire les députés qui élisent les Sénateurs qui eux éliront le Président de la République – ou en présence d'un suffrage universel à tous les niveaux.

In globo, Haïti a déjà fait l'expérience de tous ces types de régime, quitte à faire la remarque suivante qui s'impose. La *Constitution impériale de 1805* disposa en son article 23 que « la couronne est élective et non héréditaire » et en son article 26 que « l'Empereur désigne son successeur et de la manière qu'il le juge convenable, soit avant, soit après sa mort ».

La *Constitution impériale de 1849*, quant à elle, s'accusa être un grand tableau d'illustration. Elle conféra à la fois l'Empire dynastique, comme en disposèrent les articles 108, 111 et 112 ; et la République comme en disposèrent notamment les articles 42, 43 et 44 susmentionnés. Puis, pour assurer la jonction de ces régimes littéralement contradictoires, elle conféra en son article 45 que « la puissance législative s'exerce collectivement par le chef du Pouvoir exécutif, par la Chambre des représentants et par le Sénat » et en son article 63 établit que « les sénateurs sont nommés par l'empereur », tandis que l'élection de la Chambre des représentants dut suivre le parcours complexe des assemblées primaires des paroisses et des collèges électoraux des arrondissements. Autant dire que les préjugés en question ne peuvent que tomber sous le coup de l'incongruité et partir en eau de boudin. Il n'est lieu de retracer ni invention ni importation. Que dire des collectivités territoriales et de la décentralisation ?

b. Chapitre I : Des collectivités territoriales et de la décentralisation

Ce chapitre renferme six sections et s'étend sur un espace de 36 articles. Les six sections se déclinent comme suit : *de la section communale*, *de la commune*, *de l'arrondissement*, *du département*, *des délégués et vice-délégués* et *du Conseil interdépartemental*.

Le premier article y relatif, l'article 123 *codé article 61*, dispose de la définition de la collectivité territoriale avec la précision de ses trois niveaux qui sont « la section communale, la commune et le département ». Il convient de faire remarquer que l'arrondissement n'est pas pris en compte eu égard à la différence que cette constitution établit entre division territoriale et division administrative. C'est en tout cas ce que laisse comprendre la définition de la section communale et du département. Ceux-ci se placent dans la division territoriale, tandis que la constitution dispose que l'arrondissement est une division administrative. Dans la foulée, elle ne dispose d'aucune définition explicite pour la commune. Elle ne dit qu'elle revêt l'autonomie administrative et financière. Toutefois, d'autres dispositions et celle qui la situe comme étant l'un des niveaux de la collectivité territoriale permettent de la placer dans le cadre de la division territoriale.

Avant de passer respectivement les divers points en revue, il échoit de faire remarquer que la *Constitution de 1987* amendée sous étude évoque la question de la décentralisation dans le titre du chapitre, comme si celle-ci était un attribut de l'existence d'élus locaux dans le cadre formel du gouvernement local. *Prima facie*, tout se passe comme si collectivité territoriale et décentralisation se confondaient. Ce faisant, les constituants préjugent qu'il suffirait d'évoquer la décentralisation pour que celle-ci devienne effective. Mais, *in fine*, ils feront explicitement de la décentralisation un attribut du conseil interdépartemental et dans la foulée ils placent l'article qui en dispose dans la même section que celui-ci. Il s'agit de l'article 157 *codé article 87-4* qui dispose : « La décentralisation doit être accompagnée de la déconcentration des Services publics avec délégation de pouvoir et du décloisonnement industriel au profit des départements. » D'où la mention de la décentralisation dans le chapitre sous étude accuse une certaine désinvolture. Place aux diverses sections du chapitre.

i. Section A : De la section communale

Cette séquence s'étend sur cinq articles. Les trois articles disposant de la définition, de l'administration et de l'assemblée de la section communale méritent d'attirer l'attention. L'article 125, *codé article 62*, dispose que « la section communale est la plus petite entité territoriale administrative de la République », tandis que celui de 126, *codé article 63*, définit son identité administrative en disposant que « l'administration de chaque section communale est assurée par un conseil de trois (3) membres élus au suffrage universel pour une durée de quatre (4) ans [...] » et que l'article 127, *codé article 63.1*, dispose de sa responsabilité délibérative en renchérissant que « le Conseil d'administration de la section communale est assisté dans sa tâche par une Assemblée de la section communale ». Les dispositions relatives aux collectivités territoriales en général et à la section communale en particulier seraient la source vivifiante de l'un des préjugés médiatico-folkloristes, parce qu'elles feraient conjecturer une révolution sans précédent dans l'histoire des constitutions haïtiennes. Pourtant, c'est plutôt le prélude à l'après-midi d'un faune qui s'annonce dans toute la dissonance de ses tritons, sinon un *Sacre du printemps* comme un véritable massacre des tympans.

En effet, la *Constitution de 1987* amendée sous étude ne dit rien pour ce qui concerne le mode d'organisation de l'assemblée de la section communale qui se devrait de délibérer, ni non plus le type de collaboration à entreprendre pour qu'elle puisse assister le conseil d'administration en question, de telle sorte que la cohabitation ne soit pas une pierre d'achoppement, une source génératrice de conflits ou s'il s'agit d'une des instances créées pour la simple complaisance de créer. Par ailleurs, il appert de cerner une ambiguïté eu égard aux principes républicains que sous-tend cette constitution. Aussi se révèle-t-il contradictoire de soumettre une assemblée délibérative à l'emprise d'un conseil d'administration à fonction administrative donc exécutive. Peu importe l'interprétation à donner au prédicat *assisté*, l'ambiguïté persistera du fait même que la constitution ne définit ni ne délimite la typologie et la modalité de cette assistance-là, mise à part une éventuelle loi d'application à adopter pour ce qui est du ressort dudit conseil. Ladite constitution ne dispose pas non plus du mode de scrutin pour se faire élire à l'assemblée de la section communale.

Pourtant, il échoit de faire la digression pour souligner qu'en dépit de ces ambiguïtés et imprécisions, une loi d'application allait être adoptée le 28 mars 1996 dite *Loi portant organisation de la collectivité territoriale de section communale*. Janus à double visage. Cette loi occulte les apories que la *Constitution de 1987* accuse à cet effet et le cas échéant elle en fait l'assomption. L'on y retrouve notamment l'antinomie selon laquelle le délibératif assiste l'exécutif. Aussi l'article 7 *codé article 5* de cette loi dispose-t-elle que « la section communale est administrée par un organe exécutif : le Conseil d'Administration de la Section Communale (CASEC) assisté d'un organe délibératif : l'Assemblée de la Section Communale (ASEC) ».

En revanche, ladite loi dispose du mode de collaboration entre l'assemblée et le conseil d'administration et de la définition des tâches y relatives. Il y va du mode de scrutin lorsque, *in fine*, l'on tombe sur l'article 45 *codé article 36.1* de ladite loi qui dispose que

« les habitants en âge de voter de chaque habitation ou regroupement d'habitations élisent leurs Représentants à l'assemblée de section communale sur la base d'un Cartel dit composé, dirigé par un Délégué principal. Ce Cartel composé est à voter en bloc dans tous les bureaux de vote de la Section Communale concernée ». Dès lors, il importe de procéder à la sédimentation de la question dans les constitutions antérieures, si tant est qu'il faille conclure d'une quelconque invention faite par la constitution sous étude.

L'idée d'une forme de représentation dans la section communale ne date pas de la *Constitution de 1987*. En contrepartie de la *Loi du 28 mars 1996* sur l'organisation de la section communale qui parvient à réduire certains amalgames, certaines ambiguïtés et certains *quiproquos* régissant la question de la section communale dans la constitution sous étude et le cas échéant empêcherait les dispositions y relatives d'arpenter les landes du malfaire et du mal-être du fonctionnement erratique, mythique et mythologique d'Haïti, l'on fera référence au *Code rural de 1826* amendé en 1864 et mis en vigueur en 1865. La version amendée dispose en ses articles 103 à 107 du paragraphe 5 de la section V du chapitre VI de la création des *Conseils d'agriculture* dans chaque commune à raison d'un citoyen par section rurale. *Grosso modo*, il s'agit d'un conseil délibératif à vocation de service civique et dont la tâche principale est de contrôler sinon de conseiller.

D'où il s'ensuit que l'article 103 disposa que le *Conseil d'agriculture* « est composé de citoyens choisis parmi les plus notables propriétaires ou fermiers principaux, à raison d'un citoyen par chaque section rurale. Ce choix sera fait, chaque année, au 1er mai, par le commandant de la commune, le juge de paix et le conseil communal, conjointement, et à la majorité des voix. Avant d'entrer en fonction, ces citoyens prêteront, devant le juge de paix de la commune, le serment de bien remplir leurs fonctions ». L'article 104 en fixa le mandat en disposant que « les membres des conseils d'agriculture n'exercent leurs fonctions que pendant une année, mais ils peuvent être réélus chaque année ».

L'article 105, pour sa part, définit leurs attributions et l'article 106 prescrit la méthode de travail qui consista en un résumé des attributions en disposant que « les membres des conseils d'agriculture font des rapports, adressent leurs observations ou expriment leurs vœux, soit individuellement, soit collectivement, au conseil communal ou au commandant de la commune ; et ceux-ci les transmettent au commandant de l'arrondissement qui les fait parvenir au Secrétaire d'État de l'intérieur et de l'agriculture » et *in fine*, l'article 107 établit le statut de service civique (et aussi l'insigne de dignité des membres) en conférant que « les fonctions de membre du conseil d'agriculture sont honorifiques et dispensent, hors le cas de danger imminent, du service de la garde nationale […] ».

Par conséquent, il n'est pas douteux que lesquelles dispositions restèrent en vigueur, sauf modification de forme de l'insigne de dignité des membres, jusqu'à l'adoption de la *Constitution de 1950*, attendu qu'il n'y eut pas d'autres codes ruraux avant 1950 et qu'aucune constitution antérieure ne traita de la section rurale ou communale. En outre, il se révèle significatif que la notion de section rurale se trouve évoquée pour la première fois dans la première constitution haïtienne qui disposa du suffrage universel direct. Ainsi la *Constitution de 1950* en son titre IV : *De l'institution communale* consacra-t-elle la section rurale dans les dispositions des articles 123 et 124. Le *Conseil d'agriculture* devint *Conseil des notables* dont le mode de désignation, le mandat, la composition et les attributions changent, mais toujours est-il que le statut honorifique lui conféra la dimension de service civique. Quitte à reprendre l'article 123 qui disposa : « Le Conseil Communal délibère tous les deux ans pour le choix d'un conseil dans chacune des Sections Rurales de sa Commune. Ce Conseil est appelé "Conseil des notables". Il peut être indéfiniment renouvelé. Il sera composé de douze membres au plus, à titre honorifique. La loi règle le fonctionnement et l'organisation de ce Conseil. »

La *Constitution de 1957* en son titre VI : *Du régime administratif*, chapitre I : *Des institutions communales et préfectorales, des Conseils techniques et administratifs d'arrondissements et des Conseils d'administration de la Section rurale* alla consacrer un alinéa de son très long article 131 à la section rurale. Encore convient-il particulièrement de noter que le *Conseil des notables* devint *Conseil d'administration*. Aussi y lit-on en son sixième alinéa que « la section rurale sera régie par un Conseil d'Administration présidé par un leader de la Commune et organisé pour relever les conditions de vie dans les campagnes ainsi que le niveau social, moral et intellectuel du paysan. Les systèmes coopératifs, communautaires et d'éducation de base, de même que l'organisation du petit crédit agricole et artisanal, aideront à atteindre ces objectifs ». Pour ce qui renvoie à ses successeurs, la *Constitution de 1964* dans son titre et le chapitre similaires que son ancêtre de 1957 ne fit que reprendre en reformulant légèrement la séquence dont celle-ci disposa de la section rurale, mais elle y accorda l'entièreté de son article 132, puis elle remplaça particulièrement « sera régie » par « sera gérée ». La *Constitution de 1971*, quant à elle, reproduisit identiquement les mêmes dispositions de l'article 132 de son ancêtre de 1964 en son article 135.

Cela étant, l'archéologie révèle que les métamorphoses de la question de la section rurale désormais section communale ne cessent de vaciller entre Charybde et Scylla. Si tant est que le *Conseil d'agriculture* fût explicitement une instance délibérative, l'identité du *Conseil des notables* dont disposa la *Constitution de 1950* ne le fut guère, quoique la dimension honorifique en fît plutôt une instance délibérative, tandis que le *Conseil d'administration* dont disposèrent la *Constitution de 1957*, celle de 1964 et celle de 1971 s'accusa être explicitement une instance administrative exécutive. L'on soulignera que le *Code rural de 1962* dit *Code rural Dr. François Duvalier* disposa explicitement que le *Conseil d'administration de la section rurale* est une instance exécutive.

Mutatis mutandis, il convient de faire remarquer que la *Constitution de 1987* amendée s'instruit des deux instances antérieures. Elle dispose d'une part de l'instance administrative exécutive, le Conseil d'administration de la section communale qui se veut la copie conforme du *Conseil d'administration de la section rurale* de ses prédécesseurs et d'autre part de l'instance délibérative, ci-devant *Conseil d'agriculture* ou *Conseil des notables*, sous la dénomination de l'*Assemblée de la section communale*. Mis à part le suffrage universel direct pour ce qui concerne son élection, l'*Assemblée de la section communale* n'est guère différente de ses prédécesseurs. À l'instar du *Conseil d'agriculture* ou du *Conseil des notables*, elle s'inscrit dans l'ordre du service civique à titre honorifique. Mais l'enjeu reste de taille.

En effet, en disposant explicitement du titre honorifique et du service civique, les instances antérieures exigèrent qu'il fallût être notable pour s'y être intéressé. En aucun cas, il ne s'agissait pas d'occuper un poste contre une quelconque rémunération. Notables dans la section, les intéressés sont censés être détenteurs tant des moyens matériels que du capital social, culturel et moral.

Dit autrement, il fallut d'abord disposer des voies et moyens pour ensuite disposer des voix. En revanche, la *Constitution de 1987* amendée sous étude entend faire disposer des voix sans les voies et moyens. En consacrant le titre honorifique et de service civique sans en disposer explicitement, elle promeut donc un Frankenstein susceptible de se transmuter sous les mille visages de Caligula. Elle laisse croire que tout citoyen de la section communale réunissant les conditions légales requises peut devenir membre de l'*Assemblée de la section communale*, sans donc en conclure sur le sort ultime qui attend l'éventuel élu. Tout comme ladite constitution reste confuse sur les tâches de ladite assemblée par rapport audit conseil d'administration qui ne font qu'arpenter les landes d'un carcan et que, *in fine*, c'est la *Loi du 28 mars 1996* qui met certaines pendules à l'heure, il y va de ce qui concerne le sort des membres de ladite assemblée. Cette loi dispose que ceux-ci n'ont droit qu'à un jeton de présence.

Dès lors, il incombe de reprendre l'article 21 *codé article 17* de ladite loi qui dispose : « La fonction de membre de l'Assemblée de Section Communale (ASEC) ne donne droit qu'à des frais de représentation spéciale et de participation aux séances de chaque Session. Les frais émargent au budget de la Section Communale. » Pierre d'achoppement. Tablature de tritons dissonants. Il s'ensuit un faune générateur d'ambiguïtés et d'amalgames. D'où le membre de l'ASEC dans une fonction qui lui requiert d'être un notable sans qu'en disposent explicitement ni la constitution en vigueur ni la loi y relative.

Pourtant, pour y parvenir, il dut participer à un scrutin au suffrage universel et le cas échéant lui occasionna des débours sous telle ou telle forme attendu qu'il doit faire campagne selon les vœux de la concurrence électorale et que cette fonction lui confère une charge de travail. En témoignent respectivement l'article 12 *codé article 10* de ladite loi qui dispose que « l'Assemblée de la Section Communale délibère et statue sur les affaires d'intérêt strictement local. Elle vote au cours de la 1ère session ordinaire le Projet de Budget de la Section Communale préparé et présenté par le CASEC » et l'article 13 *codé article 11* qui définit les 10 principales attributions de l'ASEC dont « [...] sanctionner et ratifier la politique de Développement de la Section Communale préparée et présentée par le CASEC ; veiller à l'exécution des décisions d'intérêt local prises dans les Assemblées et Conseils Municipaux et Départementaux sous réserve de leur conformité à la loi ; recevoir le rapport de gestion du CASEC, le sanctionner et veiller à ce qu'il soit transmis à l'autorité de supervision ; statuer sur l'acceptation de dons et legs faits à la Section Communale ».

In fine, il échoit de faire remarquer que la *Constitution de 1987* amendée sous étude crée autant de problèmes qu'elle n'en résout. Si tant est que soit viable l'idée de coexistence d'une instance délibérative avec une instance administrative, il faudrait toutefois éviter tout faune et toute hydre générateurs de malentendus, de *quiproquos* susceptibles de provoquer des conflits de pouvoir. Imposer aux élus de l'ASEC le statut des notables à travailler pour la communauté à un titre honorifique sans qu'ils le sachent tout en leur confiant des responsabilités qui leur confèrent préséance aux membres de CASEC ne pourra à la longue que susciter le jeu dissonant de chantage ou tant d'autres formes de conflits. D'où la *Constitution de 1987* amendée n'a rien inventé de révolutionnaire en la matière comme le prétendent les indigénistes folkloristes. Ni invention ni importation, mais réadaptation et contextualisation de deux formules préexistant dans les constitutions antérieures. Je passe à la section B.

ii. Section B : De la commune

Cette séquence s'étend sur 10 articles. Ses dispositions sont donc nombreuses, mais la présente étude mettra particulièrement l'accent sur le statut de la commune, le conseil municipal et les conditions d'éligibilité de ses membres et de l'assemblée municipale. Comme dans le cas de la section communale, le même hiatus résultant de la prétention selon laquelle une assemblée délibérative a pour attribution d'assister une instance administrative s'y retrouve. La fourberie tombe d'elle-même et la *Loi du 28 mars 1996* fait voir un Cheval de Troie en disposant que l'instance délibérative, l'ASEC, revêt de la préséance sur l'instance administrative, le CASEC. D'où l'on voit les constituants s'enliser dans les eaux les plus troubles du Styx.

Primo, l'article 130 *codé article 66* dispose que « la commune a l'autonomie administrative et financière. Chaque commune de la République est administrée par un Conseil de trois (3) membres élus au suffrage dénommé Conseil municipal », tandis que l'article 131 *codé article 66.1* dispose que « le président du Conseil porte le titre de Maire. Il est assisté de Maires-Adjoints ». Considérant l'importance de la question de la commune, il s'avère nécessaire de procéder à une archéologie au travers des constitutions antérieures. En effet, la *Constitution impériale de 1805* qui consacra la distribution territoriale en six divisions militaires évoqua déjà le mot « commune ». La *Constitution de 1816*, en son article 42, consacra la subdivision des départements en arrondissements et communes, mais ce fut la *Constitution de 1843* qui disposa expressément de l'institution de la commune dans la section dite « Des institutions communales et d'arrondissements » étayée sur l'intervalle des articles 135 à 140.

Au prix d'un éventuel retour au moment de traiter l'assemblée communale, il advient de surligner l'article 135 qui disposa que « chaque arrondissement a pour chef d'administration un préfet, chaque commune un maire. Les attributions de ces fonctionnaires sont à la fois civiles et financières », tandis que l'article 137 dispose de l'établissement d'un « comité municipal pour chaque commune », lequel est une instance délibérative quoique présidée par le maire dont les attributions sont administratives ou exécutives. Le maire y eut voix délibérative. L'article 136 disposa que « [...] Les maires sont élus par les assemblées primaires » et que l'article 140 prescrivit que « [...] Les maires sont rétribués par leurs communes ». La *Constitution de 1846* disposa de la création d'un conseil communal pour lequel il fallut attendre la *Constitution de 1867* qui dans la section, le titre voire les articles similaires – articles 135 à 140 – à celle de 1843 (à celle de la *Constitution de 1843*) allèrent préciser que ledit conseil dont le statut est délibératif est présidé par un magistrat communal avec voix délibérative.

Les sédimentations révèlent que lesquelles dispositions demeurèrent, sauf légère reformulation, en vigueur jusque la *Constitution de 1935* qui procéda à un virage qui tangenta les 180 degrés. Celle-ci disposa d'une part en son article 45 que « l'administration locale de chaque Commune est exercée par trois citoyens élus par une Assemblée spéciale formée exclusivement de contribuables dont les catégories sont fixées par la loi. [...] L'un des trois citoyens ainsi élus, est, par Arrêté du Président de la République, nommé Magistrat communal pour une durée de quatre ans », tandis que, d'autre part, en son article 46, elle prescrit que « l'administration communale est placée sous le contrôle immédiat du pouvoir exécutif [...] ». Néanmoins, la *Constitution de*

1946 ne fit pas l'assomption de ces dispositions restrictives, elle conféra en ses articles 115 et 116 l'autonomie de la commune et l'élection du conseil communal à l'instar des formes préexistant à la *Constitution de 1935*. Par la suite, la question de la commune alla occuper un large intervalle dans la *Constitution de 1950* qui y consacra ses articles 117 à 124, y compris les dispositions sur la section rurale déjà évoquées.

Lequel intervalle s'élargit davantage dans la *Constitution de 1957* qui, en y consacrant ses articles 129 à 132, section rurale comprise, disposa également du sous-conseil technique (article 131, alinéa 5) en contrepartie de la *Constitution de 1987* amendée qui en son article 136 *codé article 71* prescrit un « Conseil technique ». La *Constitution de 1964* y consacra ses articles 128 à 136 avec les mêmes dispositions, la *Constitution de 1971* y consacra ses articles 131 à 139 avec les mêmes dispositions à l'exception de l'âge d'admission qui passe de 25 ans à 18 ans, tandis que la *Constitution de 1983* y consacra les dispositions de son article 5. Ce faisant, à l'exception de la *Constitution de 1935* dont les dispositions portèrent préjudice à l'autonomie de la commune, il revient toujours à la *Constitution de 1867* de servir de modèle. Si tant est que les constitutions ultérieures ne reprennent pas la lettre, ils en reprirent l'esprit. Les conseils communaux constituent une instance à la fois administrative ou exécutive et délibérative. En revanche, la *Constitution de 1987* amendée promeut le retour à la *Constitution de 1843* qui disposa des deux instances : une instance administrative présidée par le maire qui présida également et ce avec voix délibérative le comité communal qui constitua une instance délibérative. Toutefois, la *Constitution de 1987* amendée prescrit un Conseil communal, présidé par le maire entouré de ses deux assesseurs, qui est une entité administrative et une assemblée municipale qui est une instance délibérative.

Avant d'aborder l'assemblée municipale, il s'avère important de surligner qu'il n'est pas requis d'être Haïtien d'origine pour être élu au conseil communal. Quant au mode d'élection, le suffrage universel a toujours été d'application, quitte à souligner l'épisode de la *Constitution de 1935* qui en imposa une restriction. Pour ce qui concerne la durée du mandat, ce fut la *Constitution de 1935* qui, en dépit de ses particularités, disposa qu'il fut de quatre ans, ce qui pourrait laisser présager qu'il en fut toujours ainsi. La *Charte fondamentale de 1946* et la *Constitution de 1950* toutes deux disposèrent également de quatre ans. En revanche, la *Constitution de 1957*, celle de 1964 et celle 1971 disposèrent d'un mandat de six ans. *La Constitution de 1983*, quant à elle, ne dispose que du suffrage universel pour son élection, toute la suite devrait faire l'objet d'une loi d'application. La *Constitution de 1987* amendée quant à elle revient au mandat de quatre ans. Cela dit, la *Constitution de 1987* amendée n'invente pas, n'importe pas, mais réadapte et reformule pour son compte des dispositions antérieures. Qu'en est-il de l'assemblée municipale ?

Secundo, l'article 132 *codé article 67* dispose : « Le Conseil municipal est assisté dans sa tâche d'une Assemblée municipale formée notamment d'un représentant de chacune de ses sections communales. » D'emblée, l'on voit surgir, comme dans le cas de l'assemblée de la section communale, le *quiproquo* résultant de la prétention selon laquelle une instance délibérative peut se réduire au simple statut d'assistant d'une entité administrative. Quelle incongruité de ne pas disposer de la préséance d'une instance délibérative sur une instance exécutive ou administrative ? Comment ne pas prévoir que l'existence d'une institution à vocation délibérative s'avère, *ipso facto*, contraignante, si tant est qu'elle se doive de s'imposer en vue de contrôler à l'instar du Pouvoir législatif ? Ce faisant, les prétentions incongrues des constituants ne pourraient que porter préjudice aux principes républicains que non seulement revendique mais aussi que consacre la *Constitution de 1987* amendée elle-même.

Par ailleurs, si tant est que la formation de cette assemblée puisse *a priori* ne pas donner trop de fil à retordre du point de vue arithmétique et par le biais d'un scrutin de second degré – quoique jusqu'au moment d'écrire ces lignes (juillet 2017), lesquels prescrits constitutionnels restent et demeurent lettre morte, 30 ans après – la suite n'est guère explicite. La *Constitution de 1987* amendée ne dispose de rien de précis quant à ce qui renvoie à la présidence ou au fonctionnement de ladite assemblée. L'on ne peut que conjecturer que l'assemblée se donne une forme quelconque de bureau une fois constituée. Elle ne dispose pas non plus du siège de ladite assemblée si tant est qu'elle se doive de travailler en permanence. Si jamais l'on présumait qu'elle partage le siège du conseil municipal, donc de la mairie, se posera par ailleurs la question du statut de ses membres. Dit autrement, elle ne dispose pas si les membres de l'assemblée revêtent d'un statut honorifique dans le cadre de ce que j'appelle un service civique ou en revanche, si les membres doivent être rétribués par une instance quelconque de l'État dont la commune en question et le cas échéant si celle-ci serait en mesure d'assumer cette charge en termes financiers.

Instabilis tellus, innabilis unda. La *Constitution de 1987* amendée ne fait que convier à un rallye dans les dédales des eaux fluviales du Styx. Prélude à l'après-midi d'un faune sous tous les airs dissonants de ses tritons. Tout comme ladite constitution ne dispose pas, *in fine*, du statut des membres de l'assemblée municipale, elle ne dispose pas non plus du mode de scrutin par lequel ceux-ci devraient être élus. Typhon aux cent têtes. La *Loi du 28 mars 1996* qui semble animée des velléités de déroger, *forma et substantia*, la constitution consacre le suffrage universel à l'assemblée de la section communale, tandis qu'elle prescrit implicitement le scrutin au second degré pour l'assemblée municipale. Je tiens l'hypothèse selon laquelle de telles velléités assorties de tels *quiproquos* seraient des résurgences voire des survivances des *assemblées primaires et électorales* dans la forme même dont disposa la *Constitution de 1843*. Par conséquent, les frustrations ou à défaut des formes spécifiques de chantage sinon de rente ne sauraient ne pas être le lot de ceux qui pourraient être élus dans l'assemblée municipale, à l'instar de ceux de l'assemblée de la section communale et éventuellement ceux de l'assemblée départementale. À défaut de prévisions explicites dans la charte fondamentale ou dans des lois d'application, jusqu'où l'administration centrale de l'État, quant à elle, pourrait-elle disposer des provisions nécessaires et suffisantes pour y répondre ?

Pour ce qui concerne le mode de composition de l'assemblée municipale, celle-ci se doit d'affronter les dédales de divers méandres. En effet, la *Constitution de 1987* amendée se contente de reproduire en son article 13 *codé article 9* les dispositions des six dernières constitutions la précédant, donc allant de la *Constitution de 1946* à la *Constitution de 1983*. La *Constitution de 1946*, celle de 1950, celle de 1957, celle de 1964 et celle de 1971 respectivement en leur article 2 et la *Constitution de 1983* en son article 4 disposèrent toutes du mode de division et de subdivision du territoire de la République d'Haïti. Et c'est ce que prescrit l'article 13 *codé article 9* de la constitution sous étude : « Le territoire de la République est divisé et subdivisé en départements, arrondissements, communes, quartiers et sections communales. » Laquelle reproduction se veut copie conforme, tout comme lesdites constitutions la précédant ne consacrèrent aucun espace aux quartiers, la *Constitution de 1987* s'y montre fidèle, elle n'y consacre nul espace.

Pourtant, le hiatus sur la disposition du quartier pourrait être évité dans la *Constitution de 1987* amendée, considérant que celle-ci dénomme *section communale* ce qui s'appela jadis et ce jusqu'à la *Constitution de 1983*, « section rurale ». Ce faisant, la section communale ne renvoie pas nécessairement à un quelconque espace (géographique) de la campagne ou à la rusticité, elle pourrait correspondre à tout espace hors du centre de la commune, de son chef-lieu et dès lors les agglomérations urbaines auxquelles se donne le nom de quartiers disposeraient tout simplement du statut de section communale. Tel ne fut pas le cas, les constituants choisissent de convier à danser sur un volcan. La commune est censée se subdiviser tant en quartiers qu'en sections communales. Et lequel hiatus ne saurait ne pas entraîner des corollaires qui devraient se révéler à des moments ou à des situations spécifiques que phénoménologiquement l'on pourrait appeler des échéances.

Et c'est ce qui arrive dans le cadre de la composition de l'assemblée communale et à l'adoption de la *Loi du 28 mars 1996*. Celle-ci allait accuser des velléités de déroger la *Constitution de 1987* alors en vigueur du fait d'avoir voulu combler le vide de dispositions constitutionnelles régissant le quartier ou agglomération urbaine. Cette loi d'application illégale pour être anticonstitutionnelle en allant à l'encontre de la constitution en vigueur dont la lettre doit toujours prévaloir, consacre dans la foulée deux articles, soit respectivement l'article 48 *codé article 39* et l'article 49 *codé article 40* à ce qui renvoie aux agglomérations urbaines ou quartiers dont les représentants couramment se disent à tort et à travers *délégués de ville* ou de manière davantage désinvolte *délégués-ville*.

En vue de faire ressortir le double visage de Janus qu'accuse la composition de l'assemblée municipale, le présent exercice reprendra l'un (le premier) de ces deux articles, après avoir repris l'article 46 *codé article 37* de ladite loi. Ce qui donnera la possibilité de déceler d'autres ambiguïtés au travers desquelles oscille ladite composition aux quartes augmentées et aux quintes diminuées. Entre Charybde et Scylla. Aussi l'article 46 *codé article 37* dispose-t-il que « dans la huitaine qui suit la prestation de serment et l'installation des membres de l'assemblée de Section Communale, celle-ci, sur convocation du Bureau Électoral Communal, se réunit en un lieu public connu, en un jour et à une heure précise, et se constitue en assemblée électorale pour élire, à la majorité relative, le (ou les) Représentant (s) de la section Communale devant siéger à l'assemblée municipale », tandis que l'article 48 *codé article 39*, pour sa part, prescrit que « les délégués des agglomérations urbaines devant représenter directement le centre urbain à l'Assemblée Municipale doivent provenir obligatoirement de zones urbaines différenciées d'un même chef-lieu de Commune. Ces Délégués sont élus en même temps que les membres des Assemblées de Section Communale, suivant les modalités prévues aux articles 29.1 et 36.1 de la présente loi ».

Ce faisant, il s'ensuit que les membres de l'assemblée municipale proviennent de deux scrutins différents dont l'un n'a aucun rapport avec l'autre. D'où le *quiproquo* de faire cohabiter un scrutin de second degré avec un suffrage universel direct pour une même assemblée. En outre, ladite loi, en prescrivant que le nombre de membres de cette dernière se calcule au cas par cas en fonction de la taille démographique de la commune sans qu'aucun recensement fiable ne tienne pour autant, ne fait que violer l'article 132 *codé article 67* de la *Constitution de 1987* amendée sous étude qui, comme on l'a vu, dispose que cette assemblée compte un représentant de chacune de ses sections communales. Avant de passer aux attributions de ladite assemblée, je tiens à souligner que la digression sur cette loi d'application révèle le degré d'incongruence qui pourrait exister entre la constitution en vigueur et les lois d'application qui en émanent. Pour la suite, la présente étude se gardera de recourir à d'autres digressions dans d'autres lois d'application.

Quant aux attributions de ladite assemblée, il s'ensuit un vacillement entre Charybde de l'imprécision et Scylla de l'enchevêtrement. En effet, il n'existe pas de dispositions qui définissent explicitement ses attributions. L'on ne retrouve que la mention de la prétendue assistance du conseil municipal avec toutes les ambiguïtés qui s'y occultent, si bien que celles-ci conduiront à une déliquescence résultant de l'enchevêtrement des attributions. Quitte à reprendre l'article 138 *codé article 73* qui dispose : « Le Conseil municipal administre ses ressources au profit exclusif de la Municipalité et rend compte à l'Assemblée municipale qui elle-même en fait rapport au Conseil départemental. » Cela dit, il s'ensuit la transmutation de cette assemblée délibérative en une instance exécutive et administrative. Si tant que cette dernière puisse rendre compte à une assemblée délibérative avec la préséance et les prérogatives de contrôle, il ne saurait donc lui être question de faire un quelconque rapport au Conseil départemental qui lui dispose des attributions administratives exécutives. Il reviendrait plutôt à l'assemblée délibérative de scruter et de sanctionner les comptes qui lui sont rendus.

D'où une kyrielle d'apories que lèguent les constituants de la *Constitution de 1987* amendée à la communauté de ses lecteurs potentiels et aux citoyens. Pourtant, la *Constitution de 1987* amendée hérite son assemblée municipale de la *Constitution de 1843* qui elle disposa d'un comité municipal avec certaines précisions, mais celle-là, au lieu de combler les manques de celle-ci ne fait que s'y délester. En effet, la *Constitution de 1843* en son article 137 établit que la présidence dudit comité est confiée au maire avec voix délibérative, puis consacra son long article 138 aux attributions des deux instances délibératives, à rappeler le comité municipal et le conseil de l'arrondissement.

Il conviendra de reprendre ledit article 138 qui disposa que « ces institutions sont réglées par la loi » et que « la loi consacre l'application des principes » qui sont au nombre de six et qui sont susceptibles de se diviser en deux séries où l'on retrouvera d'une part, « l'élection directe, tous les deux ans, pour les comités municipaux ; la délégation des membres des comités municipaux, pour former les conseils d'arrondissement ; l'attribution aux comités et conseils de tout ce qui est communal et d'arrondissement, sans préjudice de l'approbation de leurs actes, dans les cas et suivant le mode que la loi détermine » et d'autre part, « la publicité des séances des comités et des conseils dans les limites établies par la loi ; la publicité des budgets et des comptes ; l'intervention du Président de la République ou du Pouvoir législatif, pour empêcher que les comités et les conseils ne sortent de leurs attributions et ne blessent l'intérêt général ».

Cela dit, la *Constitution de 1987* amendée dispose d'une assemblée municipale qui n'est pas sans précédent dans l'histoire. Elle ne l'a donc ni inventée, ni importée comme le prétendent les indigénistes folkloristes, sauf qu'elle jette la sienne en-deçà de ce comité municipal duquel procède son assemblée. Somme toute, il s'ensuit que ladite assemblée ne dispose de rien de précis, selon qu'il s'agit de ses attributions, de sa composition, de son siège, du statut de ses membres. L'on ne fait que cerner qu'elle est une assemblée délibérative. Tenant compte des ambiguïtés et des *quiproquos* qui servent de jalon, les hypothèses les plus plausibles laissent présager que ce Frankenstein pourrait bien se révéler un *imbroglio* générateur de conflits, une valse conviant à danser sur un volcan, si tant est qu'elle se doive d'exercer une quelconque mission de contrôle du conseil municipal pour lequel les dispositions sont pourtant explicites. Jusqu'où le bonapartisme qui dirige l'État et la formation sociale haïtienne pourra-t-il oublier les voies du détournement des dispositions constitutionnelles, *per se*, ambiguës et porteuses de contradictions ? Qu'en est-il de l'arrondissement ?

iii. Section C : De l'arrondissement

Cette séquence s'étaye sur un seul article. Parallèlement à la section communale, à la commune et au département qui sont considérés comme des divisions territoriales, la *Constitution de 1987* amendée dispose que « l'arrondissement est une division administrative pouvant regrouper plusieurs communes [...] ». La *section E* consacrée aux délégués et aux vice-délégués qui occupe les dispositions des articles 151 *codé article 85* et 152 *codé article 86* permettent de déceler que le Pouvoir exécutif nomme un vice-délégué dans chaque chef-lieu d'arrondissement comme étant son seul représentant direct ayant pour attribution principale la coordination et le contrôle des services publics dans toute l'étendue de l'arrondissement. Dès lors, il importe de faire remarquer que les constitutions antérieures consacrèrent des institutions de plus grande envergure aux arrondissements.

En témoigne la *Constitution de 1843* qui prescrivit pour le compte de l'arrondissement à la fois une préfecture comme entité exécutive et un conseil d'arrondissement à statut délibératif, sans oublier l'assemblée électorale de l'arrondissement, tandis que d'autres constitutions disposent également d'un conseil technique d'arrondissement. Cela étant, il n'est guère de place pour les préjugés folkloristes sur l'arrondissement, attendu que la *Constitution de 1987* amendée ne fait que réduire ce dernier à sa plus simple expression.

Section D : Du département

Cette section occupe 10 articles. Ses dispositions sont donc nombreuses. L'on y retrouve particulièrement le statut du département et ses trois principales institutions propres. Pour ce qui concerne son statut, l'article 141 *codé article 76* dispose que « le département est la plus grande division territoriale. Il regroupe les arrondissements », tandis que l'article 142 *codé article 77* consacre que « le département est une personne morale. Il est autonome ». Tout semble donc bien commencer et rien ne laisse présager que le département cèlerait un quelconque *imbroglio*, même si *ex vero non sequitur nisi verum*. D'où pourquoi il importe de procéder à une archéologie pour faire ressortir les institutions dont disposa le département dans les constitutions antérieures. Avant la *Constitution de 1950*, le département fut toujours considéré comme étant l'ensemble qui rassemble et le cas échéant ne requit pas d'institutions propres, mais les extensions des institutions nationales sous médiation du regroupement des institutions des arrondissements et des communes.

Cela dit, la *Constitution de 1950* disposa pour la première fois d'une institution départementale spécifique. Il s'agit de ce qu'elle dénomme *l'institution préfectorale* à laquelle elle consacra son *Titre VI* contenant les dispositions des articles 127 et 128. L'enjeu est qu'il incombe de ne pas confondre cette institution avec les préfets représentants du Pouvoir exécutif dans l'arrondissement dont disposa déjà la *Constitution de 1843*. Laquelle institution disposa de deux instances : une instance exécutive et une instance délibérative. Ainsi son article 127 prescrivit-il : « Il est créé dans les Départements et, au besoin dans les Arrondissements la fonction de Préfet. Les Préfets sont des fonctionnaires civils qui représentent directement le Pouvoir Exécutif [...]. » Pour ce qui concerne l'instance délibérative, l'on retrouve l'article 128 qui dispose : « Le Préfet, les Magistrats Communaux, le Commissaire de Gouvernement, les Juges de Paix, les Inspecteurs des Écoles, les Agents des services de l'Agriculture, de la Santé Publique, des Travaux Publics, les Directeurs de la Douane, des Contributions et tous autres représentants des services publics de la circonscription préfectorale forment le Conseil de Préfecture. Le Conseil se réunit obligatoirement deux fois par an au siège de la Préfecture pour délibérer sur toutes questions d'ordre régional et en faire rapport à l'Exécutif. Cependant, en cas de nécessité, le Conseil se réunit à l'extraordinaire. »

Par ailleurs, les constitutions ultérieures renvoyant respectivement à la *Constitution de 1957*, celle de 1964, celle de 1971 et celle de 1983 ne disposèrent de l'institution préfectorale que dans sa dimension exécutive. Dit autrement, ladite institution se réduit à la fonction exécutive du Préfet, qui présida également ce qui s'appela les « conseils techniques et administratifs d'arrondissements ». Mais, ces conseils ne furent guère une institution proprement départementale à l'instar du Conseil de Préfecture. Telle est la tessiture de laquelle hérite la *Constitution de 1987* amendée. Celle-ci, comme susmentionné, confère trois institutions propres au département. D'emblée, la première institution départementale propre à laquelle il appert de faire référence est la délégation départementale qui, dans son statut comme dans ses attributions, remplace la préfecture. Elle ne constitue pas seulement la première institution départementale sur papier, parce que depuis l'adoption de la *Constitution de 1987* qui dispose des deux autres institutions, seule n'existe la délégation au moment de la rédaction de ce paragraphe (juillet 2017), donc plus de 30 ans après.

À cet égard, il échoit de reprendre l'article 151 *codé article 85* qui dispose que « dans chaque Chef-lieu de département, le Pouvoir exécutif nomme un représentant qui porte le titre de Délégué [...] », ainsi que l'article 152 *codé article 86* qui prescrit que « les délégués et vice-délégués assurent la coordination et le contrôle des Services publics et n'exercent aucune fonction de Police répressive ». Cela étant, la délégation départementale exerce explicitement une fonction administrative et le cas échéant il ne devrait y avoir problème si tant est que le département puisse disposer d'une quelconque institution à statut délibératif à condition éventuellement que les attributions y relatives soient clairement définies et délimitées. De quoi dispose en outre la *Constitution de 1987* amendée sous étude ?

Pourtant, ladite constitution confère une autre institution exécutive comme en témoigne l'article 143 *codé article 78* dispose que « chaque département est administré par un Conseil de trois (3) membres élus pour quatre (4) ans par l'Assemblée départementale ». Puis, l'article 145 *codé article 80* dispose que « le Conseil départemental est assisté dans sa tâche d'une Assemblée départementale formée d'un (1) représentant de chaque Assemblée municipale ». Cela étant, le prélude d'une suite aux quartes augmentées et aux quintes diminuées commence à se faire entendre dans toute l'ampleur arythmique de sa dissonance atonale. Il convient de faire remarquer que, comme dans le cas de la section communale, le même *imbroglio* résultant de la prétention selon laquelle une assemblée délibérative a pour attribution d'assister une instance administrative s'y retrouve.

Néanmoins, pour ce qui concerne le présent cas, les ambiguïtés s'accusent plus flagrantes, attendu que la constitution dispose qu'il revient à l'assemblée départementale d'élire le Conseil départemental. En d'autres termes, les *quiproquos* découlant de la confusion entre une instance administrative exécutive et une instance délibérative, plus que l'expression d'une certaine naïveté, cèleraient plutôt un certain cynisme ou de toute façon une inconséquence avérée. Comment admettre qu'une institution délibérative républicaine qui dispose des prérogatives pour élire une entité administrative pourra par la suite se réduire à l'abaissement de seulement l'assister ? Dans un système républicain, en quoi les prérogatives d'élection ne sauraient-elles ne pas impliquer l'exercice d'une préséance tant sur les élus que sur l'entité institutionnelle en question ? D'où une aporie de principe, si tant est que la prétention subjacente porte préjudice aux principes républicains que revendique la *Constitution de 1987* amendée elle-même.

Par ailleurs, mise à part cette attribution qui consiste à élire le Conseil départemental, l'assemblée départementale se doit d'affronter les écueils des dédales d'une traversée stygienne au même prix que l'assemblée municipale de laquelle elle émane. Les attributions d'une assemblée délibérative se doivent explicitement de se définir, parce que ne pas les définir consiste à générer une pierre d'achoppement et une bombe à retardement. En outre, la constitution sous étude ne dispose pas non plus du statut de ses membres, attendu que le mode de composition et celui d'élection ne confèrent nullement un quelconque statut. *A fortiori*, le statut des membres de l'assemblée municipale d'où proviennent ceux de l'assemblée départementale se révèle être un Janus à double visage vacillant entre Charybde et Scylla. *Ex ambiguo sequitur ambiguum*. D'où, à l'instar de l'assemblée municipale, l'assemblée départementale tendra à faire face à des frustrations et à la longue, elle ne saurait ne pas être une source génératrice de conflits, sinon se transmuter en une faction rentière face aux instances exécutives détentrices des moyens de financement.

Mutatis mutandis, il échoit de soutenir la thèse selon laquelle l'assemblée départementale ne pourra être source de conflits que si ses contours ne sont pas clairement définis, parce qu'en raison de son statut délibératif, elle pourra tout logiquement cohabiter avec telle ou telle entité exécutive ou administrative. En d'autres termes, l'assemblée départementale ne devrait éprouver nulle difficulté considérable pour cohabiter tant avec le Conseil départemental qu'avec la Délégation départementale, quitte à lui conférer préséance du fait de son statut délibératif. Mais la constitution par le fait même de ne disposer aucun rapport entre ladite assemblée et la Délégation ne fait que forger une éventuelle source éventuelle de conflits. Et ce n'est pas tout. Il appert que le *τόπος* (*topos*) principal des problèmes qui surgiront réside avec plus d'acuité dans l'existence des deux susdites instances indépendantes de pouvoir exécutif. Il s'agit d'une part de la Délégation départementale qui conformément à ses attributions de coordination et de contrôle des services publics subsume toute instance de pouvoir qui est du ressort départemental en qualité de représentant direct du Pouvoir exécutif.

Puis, d'autre part, il est question du Conseil départemental composé d'élus qui se veut une institution autonome qui, conformément aux prescrits constitutionnels, ne se doit de correspondre qu'avec l'Administration centrale. Encore faut-il surligner qu'au problème de l'absence de rapport entre les instances vient se greffer l'enchevêtrement des attributions dudit Conseil, administratif et exécutif, avec celles de l'assemblée départementale, délibérative. En vue de mieux porter au jour ces *quiproquos*, il importe de reprendre respectivement l'article 147 *codé article 81* qui dispose que « le Conseil départemental élabore en collaboration avec l'Administration centrale, le plan de développement du département », puis l'article 149 *codé article 83* qui prescrit que « le Conseil départemental administre ses ressources financières au profit exclusif du département et rend compte à l'Assemblée départementale qui elle-même en fait rapport à l'Administration centrale ».

Prima facie, il appert de souligner que les dispositions de cet article 149 *codé article 83* prescrivent la transmutation de l'assemblée départementale, délibérative, en une instance administrative exécutive par le biais d'une confusion des attributions, comme il en était d'ailleurs question dans le cas de l'assemblée municipale. En effet, si tant que le Conseil départemental, exécutif et administratif, puisse rendre compte à l'assemblée délibérative à laquelle est conférée d'ailleurs la préséance et les prérogatives de contrôle, il ne saurait donc revenir à celle-ci de faire un quelconque rapport à l'Administration centrale, mais plutôt et surtout de scruter et de sanctionner les comptes qui lui sont rendus. Il n'est pas douteux que cet enchevêtrement des attributions présidera aux incongruences qui s'extérioriseront dans la nébuleuse suite dissonante qui portera le nom de Conseil interdépartemental. Lequel s'accusera comme étant un véritable Frankenstein ressortissant des métamorphoses d'une assemblée délibérative en une instance administrative exécutive avec bien évidemment la confusion des attributions.

Par ailleurs, il s'ensuit que les dispositions de ces deux articles accusent explicitement que la constitution sous étude ne prévoit nul rapport entre le Conseil départemental et la Délégation départementale. Dit autrement, ledit Conseil revêt des attributions de planifier, de gérer et d'administrer sans le moindre rapport avec les divers Services publics institués dans le département. D'où le Conseil départemental et l'assemblée départementale se révèlent comme étant deux corps planés dans l'éther qui n'auront à correspondre qu'avec l'Administration centrale. Qui pis est, tout se passe comme s'il existait le Pouvoir Exécutif dans sa bicéphalité d'un côté et l'Administration centrale de l'autre, sans qu'il n'y ait un quelconque rapport entre eux. D'où le Janus à double visage tendant à faire transmuter le département en un véritable Cheval de Troie sous les divers visages de Typhon. Bref, le département ne pourrait qu'en pâtir. Les trois institutions propres que lui consacre la *Constitution de 1987* amendée sont des créatures de Prométhée, des créatures démiurgiques de la trempe de Frankenstein susceptibles de ne lui faire qu'aller à vau-l'eau. En d'autres termes, il s'ensuit un *imbroglio* générateur de *quiproquos*, une tablature dissonante aux quartes augmentées et aux quintes diminuées ne pouvant conduire qu'à des incongruences.

En effet, la *Constitution de 1987* amendée sous étude, à force de ne vouloir créer qu'au prix de la désinvolture, ne s'est pas donnée la peine de se demander comment articuler et le cas échéant concilier les pouvoirs des élus du Conseil départemental avec ceux du Délégué départemental nommé. Qui détient la préséance ? Qui doit donc exercer des prérogatives sur l'autre ? Et par la suite, comment situer ces deux axes de pouvoirs administratifs exécutifs avec ceux de l'assemblée départementale qui sont en revanche délibératifs ? La constitution, comme on le verra, ne prévoit que la participation du délégué départemental aux réunions de ladite assemblée et ce sans voix délibérative. L'enjeu est donc de taille. Si tant est que trop d'appareils de pouvoir aux contours d'ailleurs mal définis ne puissent tuer le pouvoir, il arriverait l'échéance où devrait s'effriter l'autorité. Dit autrement, l'on parviendrait à la déchéance de l'autorité dans le département. *Mutatis mutandis*, il résulte que les préjugés indigénistes folkloristes tombent de leur plus belle chute. Ils ne peuvent qu'y perdre leur latin.

Pourtant, si tant est que les trois institutions départementales propres dont dispose la *Constitution de 1987* amendée soit déjà une surcharge qui n'a d'autre propriété que l'incongruence, ce n'est pas nécessairement tout. Les maires de toutes les communes d'un département s'entendent pour former la Fédération des maires du département en question, quoique le magma de toutes ces institutions-là aux pourtours mal définis ne fasse que porter préjudice à l'institution communale et aux fonctions des maires. Par ailleurs, si l'on prend en considération l'article 146 *codé article 80-1* de la *Constitution de 1987* amendée qui, *expressis verbis*, dispose qu'« ont accès aux réunions de l'Assemblée avec voix consultative : a. Les députés et sénateurs du département ; b. Un (1) représentant de chaque association socio-professionnelle ou syndicale ; c. le délégué départemental ; les directeurs des Services publics du département », l'on se rendra compte que l'on se trouve en face des sédiments du Conseil de Préfecture dont disposa la *Constitution de 1950* en son article 128. En d'autres termes, ledit Conseil se veut être ancêtre de l'Assemblée départementale, mais sans les complications et avec toute la latitude pour agir effectivement pour le département, attendu que ceux qui siégèrent durent bien identifier les problèmes auxquels se trouva confronté le département et le cas échéant maîtriser les questions qui en découlent.

Ce faisant, si tant est qu'il faille faire une proposition pour ce qui concerne des institutions départementales, je tiendrai à la suppression tant du Conseil départemental que de l'Assemblée départementale pour créer le **Conseil de la délégation départementale** qui disposera des pouvoirs délibératifs. Lequel Conseil réunira les mêmes instances énumérées dans l'article 146 *codé article 80-1* de la *Constitution de 1987* amendée avec voix délibérative, à l'exception du délégué départemental qui conservera sa voix consultative. Il collaborera à titre consultatif avec la **Fédération des maires du département** – qui existe déjà. Il délibérera sur toutes questions d'ordre départemental et les adressera à la **Délégation départementale**. D'où pourquoi le délégué départemental ne disposera pas de voix délibérative en vue de conjurer d'éventuels *quiproquos*. Ce qui reviendra à dire, *grosso modo*, que le département comptera à son actif une instance exécutive administrative et une instance délibérative exécutive et que toutes deux consulteront au besoin le Conseil des maires sur des questions respectives les concernant. Considérant que l'on a déjà vu la *section E : Des délégués et vice-délégués*, je fais place à la *section F* qui fermera le premier chapitre du titre sous analyse.

Section F : Du Conseil interdépartemental

La section compte à son actif six articles dont les deux qui sont censés traiter de la décentralisation en question plus haut et qui d'ailleurs se trouvent mal à propos. Donc, les quatre autres s'y occupent pleinement. *Ex ambiguo sequitur ambiguum*. Les ambiguïtés, les apories et les *quiproquos* qu'accusent les institutions allant de la section communale au département en passant par la commune que confère la *Constitution de 1987* amendée devraient conduire au Frankenstein d'un enlisement abyssal ultime. En d'autres termes, le Conseil interdépartemental résultant de ces institutions gît dans les dédales des mêmes méandres que lesdites institutions, notamment le Conseil départemental, pour arpenter les landes des eaux du Styx. Ce qui revient à dire que le Conseil interdépartemental cèle les mêmes ambiguïtés et devra en connaître les mêmes sorts.

Ex falso sequitur quodlibet. Forger de nouvelles institutions aux contours mal définis et surtout au détriment de celles qui leur préexistent et qui serviraient mieux la communauté en question ne se révèle pas seulement ambigu, mais tout simplement faux. En effet, il n'est pas d'institution plus ambiguë que le Conseil interdépartemental parmi celles que consacre la *Constitution de 1987* amendée dans la rubrique sous analyse, parce que ledit Conseil ne fait que remettre en question les principes républicains que pourtant celle-ci revendique à juste titre. Bref, le Conseil interdépartemental trahit le *summum* du mal-être de ce chapitre de la constitution sous étude, pour autant que les folkloristes indigénistes puissent y voir une révolution.

Cela étant, il incombe de reprendre chacun des quatre articles en question en vue de mieux déceler les *quiproquos* mentionnés, ce qui ne fera que justifier certaines de mes objections. L'article 153 *codé article 87* dispose que « l'Exécutif est assisté d'un (1) Conseil interdépartemental dont les membres sont désignés par les Assemblées départementales à raison d'un (1) par département ». D'emblée, si tant est que le Conseil interdépartemental soit une instance administrative exécutive, il n'y a pas de problème pour son mode d'élection, attendu que, tout logiquement, elle procéderait d'une instance délibérative. Toutefois, ledit Conseil fait l'assomption du talon d'Achille qu'il hérite de l'assemblée départementale qui elle procède à son élection. En outre, la question qui se pose renverra à ce qui relève de sa composition, autrement dit elle consistera à se demander d'où proviendront ses membres. Ce qui convie à reprendre l'article 154 *codé article 87-1* qui dispose : « Ce représentant choisi parmi les membres des Assemblées départementales sert de liaison entre le département et le Pouvoir exécutif. »

Dès lors, l'enlisement hadal s'accuse dans sa nudité de phénomène, il se trahit dans son dévoilement phénoménologique. Comme il en a été question plus haut, la *Constitution de 1987* amendée sous étude dispose pour le compte de chaque département de deux instances exécutives administratives, à savoir la délégation départementale et le Conseil départemental, sans toutefois prévoir le moindre rapport entre eux, mais que chacune doit, *in fine*, correspondre de manière indépendante avec l'Exécutif. En revanche, pour ce qui concerne le Conseil interdépartemental, ladite constitution prescrit un virage de 180 degrés. Elle se dérobe aux deux instances administratives exécutives pour s'en tenir à l'assemblée départementale d'où provient chaque membre. Ainsi retrouve-t-on les articles 155 *codé article 87-2* et 156 *codé article 87-3* en nette contradiction avec l'article 147 *codé article 81*, mais tout en entérinant les confusions que trahit l'article 149 *codé article 83*. Pour sa part, l'article 155 *codé article 87-2* dispose que « le Conseil interdépartemental, de concert avec l'Exécutif, étudie et planifie les projets de décentralisation et de développement du pays au point de vue social, économique, commercial, agricole et industriel », tandis que l'article 156 *codé article 87-3* prescrit qu' « il assiste aux séances de travail du Conseil des ministres lorsqu'elles traitent des objets mentionnés au précédent paragraphe avec voix délibérative ».

Ce faisant, elle dispose de la corruption d'une assemblée délibérative en la faisant transmuter en une instance administrative exécutive et le cas échéant elle consacre la perversion des principes républicains qui confèrent au délibératif la préséance sur l'administratif exécutif. C'en est donc la consommation totale, attendu que cette perversion s'entamait déjà avec la confusion allant des métamorphoses des attributions de l'assemblée municipale et du Conseil municipal, de l'assemblée départementale et du Conseil départemental. Les principes républicains se trouvent donc détournés de leur mission fondamentale. L'on dirait que la *Constitution de 1987* amendée confère elle-même le bonapartisme comme étant sa tablature principielle, considérant les *quiproquos* qu'elle suscite. Ce qui ne devrait pas seulement générer des conflits, mais encore et surtout l'ignoble pratique de la rente et le renforcement de la culture du détournement et du contournement.

Mutatis mutandis, il échoit, à l'instar de la proposition du Conseil de la délégation départementale qui exercera mieux les attributions de l'Assemblée départementale où il ne serait plus question d'organiser un quelconque scrutin de plus, je proposerai, en contrepartie du Conseil interdépartemental tel que défini, le Conseil des délégués départementaux qui réunira tout bonnement les délégués de chaque département, parce que, *in fine*, lequel Conseil est censé exister dans la réalité. Il disposera des attributions délibératives lorsque les délégués forment seuls l'assemblée et des attributions consultatives lorsqu'ils seront convoqués pour siéger en Conseil des ministres. Il n'y aura nul inconvénient que ledit Conseil porte la dénomination de Conseil interdépartemental. Au terme du rallye stygien dans ce long chapitre portant sur *les collectivités territoriales et la décentralisation*, il appert de faire remarquer que les ambiguïtés, *quiproquos* et enchevêtrements que cèlent les institutions dont dispose la *Constitution de 1987 amendée* sous étude pour l'actif du chapitre allaient invalider les préjugés indigénistes des folkloristes médiatiques. Créatures de Prométhée, les institutions de cette section conduisent à une *pandora politica*, une boîte de Pandore politique. Que valent ces préjugés pour le compte du chapitre II ?

c. Chapitre II : Du Pouvoir législatif

Ce chapitre compte cinq sections et s'étend sur un espace de 88 articles. Les cinq sections se déclinent comme suit : *de la chambre des députés, du Sénat, de l'Assemblée nationale, de l'exercice du Pouvoir législatif, des incompatibilités*. L'article 159 *codé article 88* introduit ce long chapitre en consacrant le mode d'exercice de ce Pouvoir en disposant que « le Pouvoir législatif s'exerce par deux (2) Chambres représentatives. Une (1) Chambre des députés et un (1) Sénat qui forment le Corps législatif ou Parlement ». Cela dit, il s'agit de la disposition du bicaméralisme. Depuis la *Constitution de 1816*, le bicaméralisme fut institué en Haïti et seules les constitutions de l'ère des Duvalier le supprimèrent et le cas échéant disposèrent du monocaméralisme. Aussi retrouve-t-on les mêmes dispositions dans l'article 48 de la *Constitution de 1957*, l'article 49 de la *Constitution de 1964* et de la *Constitution de 1971* et dans l'article 63 de la *Constitution de 1983*, qu'il convient de reprendre : « Le Pouvoir législatif est exercé par une Chambre unique dénommée : Chambre législative. »

Nonobstant qu'en des périodes données, il n'y eut guère d'exercice du pouvoir législatif comme dans le cas du *Conseil d'État* de la séquence 1918-1930, mais ce ne fut jamais une absence de dispositions constitutionnelles.

Peut-être faut-il faire la digression pour dire que la dialectique entre monocaméralisme et bicaméralisme demeure une question ouverte dans le quotidien de la formation sociale haïtienne. Il y va du nombre de parlementaires en raison de la fourchette budgétaire qui revient à l'institution parlementaire, hormis les grands privilèges spécifiques. Place à la section A.

i. Section A : De la Chambre des députés

Cette section réunit, à son actif, 10 articles. *Prima facie*, l'on y retrouve la définition de la Chambre des députés et du mode de scrutin en vigueur où l'article 160 *codé article 89* dispose que « la Chambre des députés est un Corps composé de membres élus au suffrage universel direct par les citoyens et chargé d'exercer au nom de ceux-ci et de concert avec le Sénat les attributions du Pouvoir législatif ». Cette définition rejoint la question du bicaméralisme dont il s'agissait au paragraphe précédent. Quant au mode de scrutin, il échoit d'avancer qu'il a toujours été le suffrage universel depuis la création de la Chambre des députés par la *Constitution de 1816*, alors dénommée Chambre des représentants des communes.

Plus amplement, l'archéologie réalisée révèle que le suffrage universel direct a presque toujours été de rigueur pour élire les députés ou représentants du peuple, car seules trois chartes fondamentales disposent du suffrage indirect encore appelé suffrage au second degré. Il s'agit de la *Constitution de 1846* dans ses articles 52 et 53, la *Constitution impériale de 1849* en ses articles 51 et 52 et la *Constitution de 1874* en ses articles 50 et 51. Cela dit, le suffrage universel direct pour l'élection des députés n'est guère une invention de la *Constitution de 1987* amendée sous étude ni un produit importé, comme le prétendent les folkloristes médiatiques.

Mais consacrer le suffrage universel ou le suffrage indirect, c'est prescrire une règle de la majorité. Qu'en est-il pour l'élection des députés ? La *Constitution de 1987* amendée sous étude dispose en son article 162 *codé article 90-1* de la « majorité absolue des suffrages exprimés dans les assemblées électorales ». Je tiens à préciser que du point de vue arithmétique, la majorité absolue signifie l'ajout d'un suffrage à la moitié équivalant à 50% des suffrages en question ; d'où 50% + 1. Mais la constitution sous étude dispose également une forme de majorité que j'appelle la *majorité par supériorité d'intervalle arithmétique* conformément à la théorie mathématique des intervalles. Laquelle majorité est à la différence d'un suffrage près la moitié de l'autre et elle se situe donc entre 25% et 50%+1. Aussi l'article 163 *codé article 90-2* dispose-t-il que : « À l'occasion des élections, le candidat à la députation le plus favorisé au premier tour n'ayant pas obtenu la majorité absolue est déclaré vainqueur dans le cas où son avance par rapport à son poursuivant immédiat est égale ou supérieure à vingt-cinq pour cent (25%). » Quelles ont été les dispositions des chartes fondamentales la précédant ?

Les sédimentations révèlent plusieurs cas de figure, mais les indicateurs ne suffisent pas pour conclure que certaines constitutions qui ne disposent pas explicitement du type de majorité prescrite qu'elles auraient établi le principe de la majorité des deux tiers ou majorité qualifiée des électeurs pour se faire élire député, surtout lorsque le scrutin au second degré fut en vigueur. Toutes les constitutions du 20ème siècle qui précédèrent la *Constitution de 1987* amendée sous étude, soit respectivement la *Constitution de 1918*, celle de 1932, celle de 1935, celle de 1946, celle de 1950, celle 1957, celle de 1964, celle de 1971 et celle de 1983 disposèrent de la majorité relative pour occuper un siège de député.

Quant à elles, la *Constitution de 1846*, celle de 1849 et celle de 1874 disposèrent explicitement de la majorité absolue, tandis que les autres constitutions, soit respectivement la *Constitution de 1816* qui créa la Chambre des députés, celle de 1843, celle de 1867, celle de 1979, celle de 1888 et celle de 1889 ne laissent qu'avancer l'hypothèse selon laquelle elles établirent la règle de la majorité absolue. Cela dit, la *Constitution de 1987* amendée sous étude ne fait que reprendre des dispositions de ses ancêtres, elle n'invente pas ni n'importe et le cas échéant, les préjugés médiatiques des indigénistes folkloristes ne peuvent qu'arpenter les landes des fleuves du Styx.

Pour ce qui concerne le nombre de députés, la question a toujours été ouverte et toute archéologie qui entend compter le nombre fixe ne peut que recourir aux archives de la Chambre. Les formules dont disposent les constitutions ne permettent pas d'aller trop loin. En témoigne la *Constitution de 1816* qui créa la Chambre des députés sous la dénomination de Chambre des communes. Elle disposa en son article 56 que « la Chambre des communes se compose de trois membres pour la capitale de la République, et de deux pour le chef-lieu de chaque département, et d'un membre pour chacune des communes ». *Prima facie*, le calcul de l'effectif ne s'avère pas évident. D'ailleurs, cette constitution hérita d'un pays divisé en deux : le Royaume du Nord d'un côté et la République de l'Ouest de l'autre. Toutefois, l'on est en mesure de confirmer que la première législature compta 56 députés en reprenant ce qui suit : « Avant la réunification de l'Ouest et du Nord, elle comptait vingt-neuf membres. À partir de 1820, l'addition des vingt-sept députés de l'Artibonite et du Nord portait son effectif à cinquante-six[43]. »

Néanmoins, l'effectif se doit au fil du temps faire l'expérience des dédales de divers méandres dans l'ordre d'une logique scalaire où stagnation, augmentation et réduction ont trouvé place selon les dispositions de telle ou telle constitution. L'archéologie des constitutions antérieures permet de retenir que toutes les autres constitutions du 19ème siècle – allant de celle de 1843 à celle de 1889 – ont toujours prescrit les mêmes dispositions que la *Constitution de 1816* pour établir l'effectif de la Chambre des députés. À partir de la *Constitution de 1918*, un changement alla s'opérer. Mise à part la formule pour obtenir l'effectif, les constitutions disposèrent d'un nombre et ce jusqu'à la *Constitution de 1971*. Aussi la *Constitution de 1918* en son article 32 prescrivit-il l'effectif de 36 députés. Il en alla de la *Constitution de 1932* dans les dispositions de son article 33. La *Constitution de 1935*, quant à elle, en son article 15, prescrivit le nombre de 37 députés, nombre que conservèrent respectivement la *Constitution de 1946* selon les dispositions de son article 37 et la *Constitution de 1950* selon celles de son article 35. La *Constitution de 1957*, pour sa part, fit passer ce nombre à 67 selon les dispositions de son article 49. La *Constitution de 1964*, ainsi que celle de 1971 firent chuter ce nombre et le portèrent à 58 selon les dispositions respectives de leur même article 50.

Un nouveau changement s'opéra avec la *Constitution de 1983*. Celle-ci disposa d'une formule qui résulte de la théorie mathématique des intervalles en son article 64 où il

---

[43] Mirlande Hyppolite MANIGAT, Claude MOÏSE et Lemoine BONNEAU, *Le Parlement haïtien. Deux siècles d'histoire : le Sénat de la République*, *op. cit.*, p. 37.

se trouve prescrit qu'en « aucun cas, le nombre ne peut être inférieur à cinquante-neuf (59) députés ». Quant à elle, la *Constitution de 1987* amendée sous étude, fait sienne cette formule découlant de la théorie des intervalles. Aussi son article 161 *codé article 90* dispose-t-il que « le nombre de Députés ne peut être inférieur à 70 ». Je ferai la digression pour dire que la 45ème législature qui résulta des dionysiaques plébiscitaires du 16 décembre 1990 et du 20 janvier 1991 dut compter 99 députés, tandis que la 50ème législature en siège au moment d'écrire ses lignes (août 2017) est censé compter 119 députés conformément aux dispositions du Décret électoral régissant les dernières dionysiaques plébiscitaires (2015 et 2016), quoique quelque trois sièges demeurent vacants. *Mutatis mutandis*, les préjugés folkloristes finissent par tomber dans les eaux fluviales du Styx. Nulle invention, nulle importation ne furent à l'ordre du jour. Pour la suite, j'aborderai les qualités requises pour devenir député.

L'article 164 *codé article 91* prescrit six réquisits pour être élu député dont particulièrement la nationalité, l'âge, la pleine jouissance des droits civils et politiques, la résidence, la propriété et éventuellement la décharge. Quitte à reprendre ledit article qui dispose des réquisits pour être élu député, à savoir « être Haïtien d'origine et n'avoir jamais renoncé à sa nationalité et ne détenir aucune autre nationalité au moment de son inscription ; être âgé de vingt-cinq (25) ans accomplis ; jouir de ses droits civils et politiques et n'avoir jamais été condamné à une peine afflictive et infamante pour un crime de droit commun ; avoir résidé au moins deux (2) années consécutives précédant la date des élections dans la circonscription électorale à représenter ; être propriétaire d'un immeuble au moins dans la circonscription ou y exercer une profession ou une industrie ; avoir reçu décharge, le cas échéant, comme gestionnaire de fonds publics ».

Prima facie, je peux affirmer, avant toute sédimentation, que mise à part la *Constitution de 1888*, toutes les constitutions ancêtres de celle de 1987 amendée sous étude disposèrent explicitement des réquisits pour devenir député. Dès lors, l'enjeu est de retracer lesquelles de ces constitutions auraient les mêmes dispositions et le cas échéant si la *Constitution de 1987* amendée sous étude ne fait que reprendre un legs. D'emblée, l'on retrouve la *Constitution de 1816* qui elle créa la Chambre des députés. En son article 59, elle prescrivit deux exigences, à savoir « être propriétaire et âgé de 25 ans au moins ». La *Constitution de 1843* inaugura la longue liste des réquisits où l'on retrouve respectivement l'article 54 qui disposa que, pour être élu représentant du peuple, il faut « être âgé de 25 ans accomplis ; jouir des droits civils et politiques ; être propriétaire d'immeubles en Haïti ; être domicilié dans la commune » et l'article 55 qui prescrivit que « l'Haïtien naturalisé devra, outre des conditions prescrites par l'article précédent, justifier d'une résidence de deux années dans la République pour être élu représentant du peuple ».

La *Constitution de 1846* y accorda les dispositions de ses articles 56 et 57 en supprimant l'exigence de domicile et fit passer à trois années la justification de résidence pour l'Haïtien naturalisé. Ces mêmes dispositions se virent reprises par la *Constitution impériale de 1849* en ses articles 54 et 55. La *Constitution de 1867*, en ses articles 52 et 53, garda les trois premières dispositions de ses ancêtres de 1843, de 1846 et de 1849 et fit passer à 10 ans l'exigence de résidence pour l'Haïtien naturalisé. La *Constitution de 1874*, quant à elle, revint en ses articles 54 et 55 aux dispositions de la *Constitution de 1846* ou de celle de 1849. La *Constitution de 1879* se limita aux trois premières dispositions en question qu'elle reprit en son article 52. La *Constitution de 1889*, rompant la tradition de la colonne 50-59, reproduisit en son article 43 les dispositions de son ancêtre de 1879, tout en faisant un ajout à la troisième qui devint : « Être propriétaire d'immeubles en Haïti, ou exercer une industrie ou une profession. »

Pour sa part, la *Constitution de 1918*, revint davantage à la *Constitution de 1843* en reprenant pour le compte de son article 33, les deux premières exigences, puis la quatrième exigence qu'elle modifia légèrement pour prescrire : « Avoir résidé au moins une année dans l'arrondissement à représenter. » La *Constitution de 1932* reprit, *ad litteram*, en son article 34, les mêmes dispositions que celles de l'article 33 de son prédécesseur de 1918. La *Constitution de 1935*, en son article 16, rétablit, à côté des trois exigences de certaines de ses ancêtres dont celle de 1932, le réquisit de la propriété foncière. La *Constitution de 1946*, quant à elle, en son article 39, reprit les trois exigences de ses prédécesseurs de 1918 et de 1932, à savoir l'âge, la jouissance des droits civils et politiques et la résidence d'une année dans l'arrondissement à représenter, après avoir inventé la prescription de l'haïtianité d'origine. Aussi disposa-t-elle comme premier réquisit : « 1re Être Haïtien d'origine et n'avoir jamais renoncé à sa nationalité. »

Ces quatre exigences, la *Constitution de 1950* les reprit, *ad litteram*, en son article 37. Pour sa part, la *Constitution de 1957*, en son article 50, reprit, *ad litteram*, les trois premières exigences de ces prédécesseurs de 1946 et de 1950 et fit passer le temps minimal de résidence dans la circonscription à cinq ans. Ces mêmes réquisits, la *Constitution de 1964* en disposa en son article 51. Quant à elle, la *Constitution de 1971* également en son article 51 fit passer l'exigence de l'âge à 18 ans, tout en conservant les trois autres réquisits de ses ancêtres de 1957 et de 1964. La *Constitution de 1983* fit sienne les quatre exigences de son prédécesseur de 1971 qu'elle reprit dans les dispositions de son article 68 et revint avec l'exigence de la propriété foncière, dans la même formulation que l'on retrouve dans la *Constitution de 1889*.

Telle est l'archéologie des dispositions qui préexistent à celles de la *Constitution de 1987* amendée pour être élu député du peuple. Celle-ci dispose de six exigences dont cinq se retrouvent dans l'une ou l'autre constitution antérieure, même au prix de certaines modifications. Aussi son premier réquisit portant sur la nationalité a-t-il toujours été le même depuis la *Constitution de 1946*, le second sur l'âge de 25 ans depuis la *Constitution de 1816* qui créa la Chambre des députés jusque la *Constitution de 1964*, donc seules la *Constitution de 1971* et de celle de 1983 disposèrent de 18 ans. La jouissance des droits civils et politiques en vigueur depuis la *Constitution de 1843* n'a subi nulle modification, à l'exception de la *Constitution de 1888* qui ne prescrivit pas les exigences pour devenir député. Le temps de résidence de deux années se révèle être un choix entre l'extrême minimal d'une année dont disposèrent la *Constitution de 1918*, celle de 1946 et celle de 1950 et le maximum de cinq années dont disposèrent pour leur part la *Constitution de 1957*, celle de 1964, celle de 1971 et celle de 1983, tandis que la détention de propriété fut de rigueur dès la création de ladite Chambre par la *Constitution de 1816*, avec la nuance dans la *Constitution 1889* où l'exercice d'une profession ou d'une industrie put suppléer la détention de propriété foncière.

Cela étant, il s'ensuit donc que les cinq premières exigences se révèlent être des reprises des constitutions antérieures et que, *in fine*, la seule disposition nouvelle est la réception de décharge au cas où l'intéressé aurait été comptable de deniers publics. Cette exigence exista déjà pour devenir président. Ce n'est donc pas une invention, mais une extension. Cela étant, les préjugés folkloristes tombent de leur plus belle chute dans les eaux du fleuve Léthé. Il n'est nulle importation, nulle invention. Qu'en est-il du mandat des députés ?

L'article 165 *codé article 92* dispose que « les députés sont élus pour quatre (4) ans et sont indéfiniment rééligibles », tandis que l'article 167 *codé article 92-3* établit que « le renouvellement de la Chambre des députés se fait intégralement tous les quatre (4) ans ». La présente analyse ne pourrait considérer la question de la durée du mandat comme marginale. Elle aussi fit l'expérience de divers dédales dans les méandres des constitutions précédant celle de 1987 amendée sous étude. Deux ans, trois ans, quatre ans, cinq ans, six ans eurent cours sous l'égide de telle ou telle constitution, avant que la *Constitution de 1987* amendée sous analyse revienne au mandat de quatre ans. Quant au second moment du premier article en question qui établit le principe de la rééligibilité indéfinie, il appert de surligner que cette disposition a toujours été en vigueur, sauf à préciser qu'elle n'a pas été mentionnée dans la *Constitution de 1888* qui laissa la question du mandat des députés à une éventuelle loi d'application, dans la *Constitution de 1935* et dans celle de 1983. Il y va du renouvellement intégral en fonction du mandat dont dispose le second article en question. Durée de mandat, modalité de réélection et renouvellement étant trois dispositions qui, dans les constitutions antérieures, font toujours route commune pour ce qui concerne les députés.

En effet, la *Constitution de 1816* qui créa la Chambre des députés disposa en son article 60 d'un mandat de cinq ans et dans les prescrits de son article 68, elle conféra la modalité de réélection indéfinie. La *Constitution de 1843* prescrivit en son article 56 un mandat de trois ans. La

Constitution de 1846, en son article 61, revint à la disposition du mandat de cinq ans. Lesquelles dispositions, la *Constitution impériale de 1849* les reprit, *ad litteram*, en son article 60. La *Constitution de 1867*, pour le compte de son article 54, revint littéralement aux dispositions de l'article 56 de la *Constitution de 1843*. Il y va de la *Constitution de 1874* pour les actifs de son article 59. Quant à elle, la *Constitution de 1879* revint au mandat de cinq ans et ce faisant, elle reprit, *ad litteram*, en son article 53, les mêmes dispositions y relatives. Comme pour le nombre et les réquisits, la *Constitution de 1888* confia la question du mandat à une éventuelle loi d'application. Pour sa part, la *Constitution de 1889* rétablit, en son article 44, le mandat de trois ans dans les mêmes termes que ses prédécesseurs qui en disposèrent.

Quant à elle, la *Constitution de 1918* introduisit du nouveau. Elle fit passer le mandat des députés à deux ans selon les dispositions de son article 34. De son côté, la *Constitution de 1932* prescrivit le mandat de quatre ans dans les dispositions de son article 35. Il y va également de la *Constitution de 1935* dans le premier alinéa de son article 19, de la *Constitution de 1946* en son article 40 et de la *Constitution de 1950* en son article 38. Viendra par la suite le tour des dispositions du mandat de six ans avec respectivement la *Constitution de 1957* en son article 51, celle de 1964 en son article 52, celle de 1971 en son article 52 également et celle de 1983 en son article 65. Cela dit, la *Constitution de 1987* amendée ne fait que reprendre à son actif des dispositions qui lui précèdent, notamment dans la séquence allant de la *Constitution de 1932* à la *Constitution de 1950* et le cas échéant, les préjugés médiatico-folkloristes ne peuvent qu'arpenter les landes de l'incongruence.

L'une des attributions spécifiques de la Chambre des députés consiste en la disposition de pouvoir traduire les grands dignitaires de l'État par devant la Haute Cour de justice. À cet égard, l'article 169 *codé article 93* dispose-t-il : « La Chambre des députés, outre les attributions qui lui sont dévolues par la Constitution en tant que branche du Pouvoir législatif, a le privilège de mettre en accusation le Chef de l'État, le Premier Ministre, les ministres, les secrétaires d'État par devant la Haute Cour de Justice, par une majorité des 2/3 tiers de ses membres. Les autres attributions de la Chambre des députés lui sont assignées par la Constitution et par la Loi. » Les dispositions du présent article seront particulièrement traitées dans la section portant sur la Haute Cour de Justice, quitte à souligner que la Chambre des députés dispose de cette attribution dès la *Constitution de 1843* dans ses articles 122 et 133. Je passe à la section B traitant du Sénat.

ii. Section B : Du Sénat

La présente section compte 10 articles. D'emblée, il est question de la définition du Sénat et du mode de scrutin en vigueur selon les vœux de l'article 170 *codé article 94* qui dispose que le Sénat est un corps composé de membres élus au suffrage direct par les citoyens et chargé d'exercer en leur nom, de concert avec la Chambre des députés, les attributions du Pouvoir législatif ». Cela dit, le présent article dispose du bicaméralisme déjà traité plus haut et du mode d'élection des sénateurs. Ce dernier fit l'objet des dédales de divers méandres. L'on y retrace une forme quelconque du scrutin au second degré, la nomination et le suffrage universel direct.

À la création du Sénat par la première constitution républicaine d'Haïti, la *Constitution de 1806*, les sénateurs furent élus par l'Assemblée constituante selon les dispositions de son article 44. La *Constitution impériale de 1849*, quant à elle, dispose en son article 63 de la nomination des sénateurs par l'Empereur. Par ailleurs, avant la *Constitution de 1946*, à l'exception de la *Constitution de 1918* qui consacra déjà le suffrage universel direct pour l'élection des sénateurs, toutes les autres constitutions suivent la tablature de la *Constitution de 1816* qui, en son article 102, disposa que « la Chambre des représentants nomme les sénateurs [...] ». Quitte à faire remarquer qu'à l'époque, l'on n'établit pas nécessairement la différence entre élire et nommer.

La *Constitution de 1918*, quant à elle, disposa déjà du suffrage universel direct selon les prescrits de son article 37. La *Constitution de 1946* dans les dispositions du premier alinéa de son article 42 et celle de 1950 selon les vœux du second alinéa de son article 40 la suivirent. Puis vint l'interlude du monocaméralisme avec les quatre constitutions en vigueur de 1957 à 1983 et la *Constitution de 1987* amendée, pour sa part, ne fait que rejoindre l'héritage que lui lèguent ses prédécesseurs de 1918, de 1946 et de 1950. Il n'y a donc ni importation ni invention. Quitte à reprendre l'article 172 *codé article 94-2* qui peaufine : « Le sénateur de la République est élu au suffrage universel à la majorité absolue dans les Assemblées primaires tenues dans les départements géographiques, selon les conditions prescrites par la Loi électorale. »

L'article 171 *codé article 94-1* dispose de l'effectif des sénateurs en établissant que « le nombre des sénateurs est fixé à trois (3) sénateurs par département ». Ce qui revient à dire que la *Constitution de 1987* amendée dispose d'un effectif de 30 membres[44] pour le Sénat. Il en fut de 27 dans la version première de cette constitution et ce jusqu'à

---

[44] Il n'est pas superflu de souligner qu'administrativement Haïti est divisé en dix départements, à savoir les départements du Nord, du Nord-Est, du Nord-Ouest, de l'Artibonite (coordonnées 19° 27' nord et 72° 41' ouest), du Centre (coordonnées 19° 09' nord et 72° 01' ouest), de l'Ouest, du Sud, du Sud-Est, de la Grand'Anse et des Nippes.

l'adoption de la *Loi du 18 juin 2003* portant création du département des Nippes (partie du Sud-Ouest du pays ayant pour coordonnées 18° 27 nord et 73° 06 ouest, contre l'autre partie occupée par le département de la Grand'Anse ayant pour coordonnées 18° 40 nord et 74° 07 ouest), attendu qu'à date le pays ne compta encore que neuf départements. La création du département des Nippes porte l'effectif à 30 sénateurs et plus pratiquement à partir des dionysiaques plébiscitaires du 7 février 2006, encore appelées, pour reprendre une expression de Daly Valet, le *Montana assiégé*[45].

La *Constitution de 1806* qui créa l'institution sénatoriale prescrivit en son article 41 le nombre de 24 sénateurs. La *Constitution de 1816* l'entérina tout en oubliant que les institutions sont des productions humaines par l'idée d'une éternité en disposant en son article 101 que « le Sénat est composé de vingt-quatre membres, et ne pourra jamais excéder ce nombre ». Éternité éphémère, la *Constitution de 1843* porta le nombre à 36. Il y va de la *Constitution de 1846* qui garda le même nombre. La *Constitution impériale de 1849* disposa en son article 62 que « le nombre de sénateurs est fixé à trente et peut être porté à trente-six ». La *Constitution de 1867*, celle de 1874 et celle de 1879 établirent l'effectif de 30 membres. La *Constitution de 1889* le grossit à 39. La *Constitution de 1918* alla à l'inverse et disposa d'un effectif de 15 membres. La *Constitution de 1932* porta l'effectif à 24 sénateurs. La *Constitution de 1935*, celle de 1946 et celle de 1950 portèrent l'effectif à 21 membres. Il n'est donc ni invention ni importation comme le prétendent les folkloristes.

---

45 Cf. Luné Roc PIERRE LOUIS, « Discours journalistique et pragmatique du discours politique. Le cas du journal Le matin », *in Recherches en Communication*, décembre 2014, N° 39, pp. 183-196.

L'article 174 *codé article 95* dispose du mandat des sénateurs où il est prescrit que « les sénateurs sont élus pour six (6) ans et sont indéfiniment rééligibles [...] », tandis que l'article 177 *codé article 95-3* établit que « le renouvellement du Sénat se fait par tiers (1/3) tous les deux (2) ans ». Il est évident que les constituants choisissent d'enfermer les citoyens dans les arcanes de la confusion. Cette confusion s'accuse davantage un choix délibéré lorsque l'amendement de la constitution n'a point jugé d'y remédier. Quitte à souligner que dans la pratique, c'est la disposition du renouvellement par tiers qui tend à s'imposer quoique les élections pour ainsi dire ne soient jamais régulières depuis l'adoption de la *Constitution de 1987*, pas seulement depuis son amendement. La confusion va invalidant les préjugés folkloristes, mais là encore, il s'agit d'une reproduction. En effet, la *Constitution de 1987* amendée sous étude hérite ce *quiproquo* de la *Constitution de 1843* qui, en son article 63, disposa : « Les sénateurs sont élus pour six ans. Leur renouvellement se fait par tiers tous les deux ans [...] » Il s'ensuit l'incongruence selon laquelle l'on entend faire prévaloir que, parmi les élus départementaux, l'on compte un premier ordre : des premiers sénateurs qui, seuls, mériteraient la dignité sénatoriale, puis un deuxième et un troisième ordres, mais toujours est-il que les constituants tentent de l'occulter sous le masque d'un renouvellement par tiers.

L'article 175 *codé article 95-1* dispose que « le Sénat siège en permanence », tandis que l'article 176 *codé article 95-2* établit que « le Sénat peut cependant s'ajourner, excepté durant la session législative. Lorsqu'il s'ajourne, il laisse un Comité permanent chargé d'expédier les affaires courantes. Ce comité ne peut prendre aucun Arrêté, sauf pour la convocation du Sénat. Dans les cas d'urgence, l'Exécutif peut également convoquer le Sénat avant la fin de l'ajournement ». Selon la *Constitution de 1806* qui créa le Sénat, la permanence lui serait inhérente, si bien qu'elle ne la mentionna pas, mais en revanche disposa en ses articles 96 et 97 de l'ajournement et des mêmes attributions que ce dernier. La *Constitution de 1816*, elle, précisa en son article 114 que « le Sénat est permanent ». Mais, la *Constitution de 1987* amendée hérite la pleine formulation de ses dispositions des articles 74 et 75 de la *Constitution de 1846* où respectivement l'article 74 conféra que « le Sénat est permanent ; il peut cependant s'ajourner, excepté durant la session législative » et l'article 75 ordonna que « lorsque le Sénat s'ajournera, il laissera un comité permanent. Ce comité ne pourra prendre aucun arrêté que pour la convocation du Sénat ». Il n'est donc guère d'invention ni d'importation, mais reproduction.

L'article 178 *codé article 96* dispose des six réquisits pour devenir sénateur en prescrivant qu'il faut « être Haïtien d'origine, n'avoir jamais renoncé à sa nationalité et ne détenir aucune autre nationalité au moment de son inscription ; être âgé de trente (30) ans accomplis ; jouir de ses droits civils et politiques et n'avoir jamais été condamné à une peine afflictive et infamante pour un crime de droit commun ; avoir résidé dans le département à représenter au moins trois (3) années consécutives précédant la date des élections ; être propriétaire d'un immeuble dans le département ou y exercer une profession ou une industrie ; avoir obtenu décharge, le cas échéant, comme gestionnaire de fonds publics ».

Telles sont les six exigences pour devenir sénateur sous l'égide de la *Constitution de 1987* amendée sous étude. Dans l'archéologie qui va suivre, l'enjeu est de retracer les constitutions qui prescrivent les mêmes dispositions et le cas échéant conclure si la *Constitution de 1987* amendée sous étude ne fait que reprendre un legs.

Prima facie, l'on retrouve la *Constitution de 1806* qui elle tout en créant le Sénat ne prescrivit aucun réquisit explicite. Il fallut attendre la *Constitution de 1816* qui en son article 103 prescrivit la toute première exigence, à savoir « être âgé de 30 ans accomplis ». Comme il le fut fort souvent, il revint à la *Constitution de 1843* d'introduire la longue liste des réquisits où l'on retrouve respectivement l'article 61 qui disposa que « pour être élu sénateur, il faut : être âgé de 30 ans accomplis ; jouir des droits civils et politiques ; être propriétaire d'immeubles en Haïti ; être domicilié dans l'arrondissement électoral » et l'article 62 qui ordonna que « l'Haïtien naturalisé devra, outre des conditions prescrites par l'article précédent, justifier d'une résidence de quatre années dans la République, pour être élu sénateur ».

La *Constitution de 1846* y accorda les dispositions de ses articles 69 et 70, mais elle supprima l'exigence de domicile. Ces mêmes dispositions se virent reprises par la *Constitution impériale de 1849* en ses articles 64 et 65. La *Constitution de 1867*, en ses articles 60 et 61, garda les trois premières dispositions de ses ancêtres de 1843, de 1846 et de 1849 et fit passer à 10 ans l'exigence de résidence pour l'Haïtien naturalisé. La *Constitution de 1874*, quant à elle, selon les vœux de ses articles 68 et 69, fit passer l'exigence de l'âge à 35 ans et conserva les autres dispositions de la *Constitution de 1846* ou de celle de 1849. La *Constitution de 1879*, en son article 59, se limita aux trois premières dispositions en question chez son ancêtre de 1843, tout en ajoutant dans le troisième réquisit l'exercice d'une industrie quelconque. La *Constitution de 1888* n'en dit rien, tandis que la *Constitution de 1889* reproduisit en son article 50 les dispositions de son ancêtre de 1879, tout en faisant un rajout à la troisième qui devint : « Être propriétaire d'immeubles en Haïti, ou exercer une industrie ou une profession. »

Quant à elle, la *Constitution de 1918*, revint davantage à la *Constitution de 1843* en reprenant pour le compte de son article 38, les deux premières exigences, puis la quatrième exigence qu'elle modifia légèrement pour prescrire : « Avoir résidé au moins deux ans dans le département à représenter. » La *Constitution de 1932* reproduisit, *ad litteram*, en son article 38, les mêmes dispositions que celles de l'article 38 de son prédécesseur de 1918. La *Constitution de 1935*, en son article 17, rétablit, à côté des trois exigences de certaines de ses ancêtres dont celle de 1932, le réquisit de la propriété foncière. Ce qui lui valut quatre exigences à l'instar de son ancêtre de 1843. La *Constitution de 1946*, quant à elle, en son article 43, reprit les trois exigences de ses prédécesseurs de 1918 et de 1932, à savoir l'âge, la jouissance des droits civils et politiques et la résidence de deux ans dans le département à représenter, après avoir introduit la prescription de l'haïtianité d'origine. Aussi disposa-t-elle comme premier réquisit : « 1re Être Haïtien d'origine et n'avoir jamais renoncé à sa nationalité. » Pour sa part, la *Constitution de 1950* compta également, dans les dispositions de son article 41, les quatre exigences analogues à son prédécesseur de 1946, mais alla puiser l'exigence relative à l'âge dans son ancêtre de 1874 qui, elle, disposa de l'âge de 35 ans.

Telle est la sédimentation des dispositions qui préexistent à celles de la *Constitution de 1987* amendée pour être élu sénateur de la République. Celle-ci dispose de six exigences dont cinq se retrouvent dans l'une ou l'autre constitution antérieure, même au prix de certaines modifications. Aussi son premier réquisit portant sur la nationalité a-t-il toujours été le même depuis son introduction par la *Constitution de 1946,* le second sur l'âge de 30 ans explicitement depuis la *Constitution de 1816* ne subit qu'une seule variation respectivement dans la *Constitution de 1874* et de celle de 1950 qui le fit passer à 35 ans ; dans les autres constitutions, il a toujours été de 30 ans. La jouissance des droits civils et politiques en vigueur depuis la *Constitution de 1843* n'a subi nulle modification, à l'exception de la *Constitution de 1888* qui ne prescrivit pas les exigences pour devenir sénateur.

Le temps de résidence minimal de trois années se révèle être la modification de l'exigence de deux ans dont disposèrent certaines constitutions antérieures, tandis que la détention de la propriété immobilière fut explicitement de rigueur depuis la *Constitution de 1843*, avec la nuance dans la *Constitution de 1889* où l'exercice d'une profession ou d'une industrie purent la remplacer. Donc, les trois premières et la cinquième exigences se révèlent être des reprises des constitutions antérieures, tandis que la quatrième en est une simple modification. *Mutatis mutandis*, la seule disposition nouvelle est l'exigence de décharge au cas où l'intéressé aurait été comptable de deniers publics. Cette exigence exista déjà pour devenir président de la République. Il ne s'ensuit donc ni invention, ni importation mais une extension et le cas échéant, cela force les préjugés folkloristes à se remettre à Libitine.

In fine, le Sénat revêt des attributions spécifiques et l'article 179 *codé article 97* dispose-t-il : « En addition aux responsabilités qui lui sont inhérentes en tant que branche du Pouvoir législatif, le Sénat exerce les attributions suivantes : (1) proposer à l'Exécutif la liste des Juges de la Cour de cassation selon les prescriptions de la Constitution ; (2) s'ériger en Haute Cour de Justice ; (3) Exercer toutes autres attributions qui lui sont assignées par la présente Constitution et par la Loi. » La première attribution des dispositions du présent article est un héritage de la *Constitution de 1843* qui, elle, officialisa le fonctionnement de la Cour de cassation que créa la *Constitution de 1816*. Laquelle officialisation, la *Constitution de 1843* la conféra selon les dispositions de ses articles 50 et 144. Aussi ladite constitution disposa-t-elle dans son article 148 : « Les juges sont élus, savoir : [...] Pour le tribunal de Cassation, par le Sénat, sur la présentation d'une liste simple de candidats pour chacune des assemblées électorales du ressort des tribunaux d'appel. »

Cela dit, cette constitution conféra au Sénat les prérogatives d'élire les membres de cette Cour suprême. Toutefois, la *Constitution de 1987* amendée confère au Président de la République les prérogatives ultimes de la nomination des juges de la Cour de cassation après que le Sénat lui aura soumis une liste de trois membres par siège à pouvoir. Mais l'enjeu est qu'il revient au Sénat les prérogatives de lancer le processus et si jamais il ne le décide pas, le Président de la République ne peut, conformément à ladite constitution, qu'exprimer des souhaits conformément à ses attributions de la bonne marche des institutions, pas plus. Quant à la seconde attribution qui consiste en l'érection en Haute Cour de justice, le Sénat en a toujours détenu les prérogatives depuis sa création par la *Constitution de 1806* selon les dispositions de ses articles 161 à 165 où particulièrement, l'on retrouve l'article 162 qui disposa : « La haute cour ne se forme qu'en vertu d'une proclamation du Sénat. » Cela étant, l'on peine encore à trouver les inventions et les importations que revendiquent les préjugés des folkloristes indigénistes. Je passe à la section C portant sur l'Assemblée nationale.

iii. Section C : De l'Assemblée nationale

Cette section s'étend sur 11 articles. L'on y retrouve la définition de l'Assemblée nationale, les dispositions de ses réunions, de ses pouvoirs, de ses attributions, de sa présidence, de ses séances, de son quorum pour siéger et de son siège. L'article 180 *codé article 98* dispose que « la réunion en une seule Assemblée des deux (2) branches du Pouvoir législatif constitue l'Assemblée nationale », tandis que l'article 181 *codé article 98-1* établit que « l'Assemblée nationale se réunit pour l'ouverture et la clôture de chaque Session et dans tous les autres cas prévus par la Constitution » et que l'article 182 *codé article 98-2* prescrit que « les pouvoirs de l'Assemblée nationale sont limités et ne peuvent s'étendre à d'autres objets que ceux qui lui sont spécialement attribués par la Constitution ».

La *Constitution de 1843* qui s'accuse comme étant le principal *punctum Archimedis* de la *Constitution de 1987* amendée sous étude disposa de la création de l'Assemblée nationale. Dit autrement, l'Assemblée nationale est explicitement un héritage de la *Constitution de 1843*. Déjà y retrouve-t-on les différentes dispositions qui firent l'objet du paragraphe antérieur, à l'exception de la séance de clôture de la session législative qui elle se révèle être une disposition ultérieure. Par conséquent, il convient de reprendre respectivement son article 47 qui disposa que « les deux Chambres se réunissent en assemblée nationale dans les cas prévus par la Constitution. Les pouvoirs de l'Assemblée nationale sont limités, et ne peuvent s'étendre à d'autres objets que ceux qui lui sont spécialement attribués par la Constitution », tandis que l'article 68 prescrivit qu'« à l'ouverture de chaque session annuelle, la Chambre des communes et le Sénat se réunissent en Assemblée nationale ».

Quant à la disposition sur la tenue de l'assemblée nationale à la clôture de la session législative, elle est un héritage de la *Constitution de 1888*. Laquelle disposition s'ajoute à celle portant sur l'ouverture pour avoir d'emblée dans l'article 24 de cette dernière qui conféra : « Les deux Chambres se réunissent en Assemblée nationale : 1ère à l'ouverture et à la clôture de chaque session [...] » D'où les préjugés folkloristes médiatiques ne peuvent se tenir, il n'est ni invention, ni importation et la *Constitution de 1987* amendée sous étude ne fait que reprendre des dispositions de ses ancêtres. Qu'en est-il des attributions ?

L'article 183 *codé article 98-3* dispose des dix attributions de l'Assemblée nationale. Considérant qu'il incombe de les reprendre d'un trait et que le fragment du texte s'accuse long et pour éviter de modifier la taille, il est repris dans l'encadré ci-après :

1. de recevoir le serment constitutionnel du président de la République ;
2. de ratifier toute décision de déclarer la guerre quand toutes les tentatives de conciliation ont échoué ;
3. d'approuver ou de rejeter les traités et conventions internationaux[46] ;
4. d'amender la constitution selon la procédure qui y est indiquée ;
5. de ratifier la décision de l'Exécutif de déplacer le siège du gouvernement dans les cas déterminés par l'article 1.1 de la présente Constitution ;
6. de statuer sur l'opportunité de l'état d'urgence et

[46] La version amendée que j'utilise commet la faute de noter « internationales » en lieu et place de « internationaux » qui se trouve dans la première version de la *Constitution de 1987* et ce, en toute logique.

de l'état de siège, d'arrêter avec l'Exécutif les garanties constitutionnelles à suspendre et de se prononcer sur toute demande de renouvellement de cette mesure ;

7. de concourir à la formation du Conseil électoral permanent conformément à l'article 192 de la Constitution ;
8. de concourir à la nomination d'un président provisoire, conformément à l'article 149 de la Constitution ;
9. de concourir à la formation du Conseil constitutionnel, conformément à l'article 190 bis.1 de la Constitution ;
10. de recevoir à l'ouverture de chaque session, le bilan des activités du Gouvernement.

Telles sont les dix attributions de l'Assemblée nationale pour lesquelles il échoit de procéder à une archéologie dans les constitutions antérieures.

Prima facie, l'on fera référence à la *Constitution de 1843* qui elle fonda l'Assemblée nationale. En effet, cette constitution lui conféra d'emblée neuf attributions dans les dispositions de son article 70, mais toujours convient-il de ranger à côté de ces attributions-là celle que prescrivit son article 109 : « Avant d'entrer en fonction, le Président prête devant l'Assemblée nationale le serment suivant [...] » En d'autres termes, l'Assemblée nationale reçoit le serment constitutionnel du Présent de la République et le cas échéant cette disposition renvoie à la première attribution que lui confère la *Constitution de 1987* amendée : la réception dudit serment. Quant à la deuxième attribution disposant de la ratification de toute décision de déclarer la guerre, elle équivaut, *forma et substantia*, à la deuxième attribution de la *Constitution de 1843* qui traita également de la déclaration de guerre.

Il y va également de la troisième attribution de chacune de ces deux constitutions consistant en l'approbation ou le rejet des traités et conventions internationaux. La quatrième attribution qui dispose de l'amendement de la constitution correspond à la neuvième de la *Constitution de 1843*. La cinquième attribution qui confère le déplacement du siège de la capitale et du gouvernement renvoie à la huitième de la *Constitution de 1843*. La sixième attribution qui établit l'opportunité de l'état d'urgence et l'état de siège et le cas échéant les dispositions de la constitution qui se trouveront mises en veilleuse est un héritage d'un alinéa de l'article 198 de la *Constitution de 1843* qui s'y consacra. Il y va de la dixième attribution qui prescrit la réception à l'ouverture de chaque session législative le bilan des activités du gouvernement, elle renvoie aux dispositions de l'article 121 de la *Constitution de 1843*.

Mutatis mutandis, il s'ensuit que la *Constitution de 1987* amendée qui préoccupe la présente étude hérite sept de ses 10 attributions qu'elle confère à l'Assemblée nationale de la *Constitution de 1843* qui créa celle-ci. La *Constitution de 1987*, contrairement aux préjugés que font prévaloir les indigénistes folkloristes, n'a donc rien importé, quitte à admettre qu'elle apporte des nouveautés pour ce qui concerne les attributions de l'Assemblée nationale. Fondatrice du Conseil électoral permanent dont la version première de cette constitution n'a jamais vu la concrétion de sa formation et ce jusqu'au moment où j'écris ce paragraphe (septembre 2017), la septième attribution de l'Assemblée nationale lui revient. Telles furent les huit attributions que la version première de la *Constitution de 1987* conféra à l'Assemblée nationale. Quant aux deux autres attributions qui respectivement disposent du concours de l'Assemblée nationale à la nomination d'un Président provisoire et du concours à la formation du Conseil constitutionnel, elles sont spécifiques à la version amendée de la *Constitution de* 1987.

Le Conseil constitutionnel étant une création résultant de l'amendement constitutionnel de 2011. Par ailleurs, mise à part la nomination d'un Président provisoire en février 2016, l'Assemblée nationale que confère la constitution sous étude a donc toujours exercé les mêmes attributions que celles de la *Constitution de 1843*. Le Conseil électoral permanent, ainsi que le Conseil constitutionnel n'ayant pas encore vu le jour jusque-là (septembre 2017). Quitte à faire la digression pour dire qu'avant la *Constitution de 1987*, aucune constitution ultérieure à celle de 1843 n'a rien apporté de nouveau dans les attributions de l'Assemblée nationale en Haïti. Qu'en est-il des autres dispositions ?

L'article 184 *codé article 99* dispose que « l'Assemblée nationale est présidée par le président du Sénat, assisté du président de la Chambre des députés en qualité de vice-président. Les secrétaires du Sénat et ceux de la Chambre des députés sont les secrétaires de l'Assemblée nationale ». Les dispositions du présent article proviennent d'emblée de l'article 69 de la *Constitution de 1843*, créatrice de l'Assemblée nationale pour ce qui concerne la présidence de l'Assemblée nationale, mais à l'addition des secrétaires, les dispositions de cet article de la *Constitution de 1987* amendée sous étude s'accusent explicitement comme étant une reproduction littérale de celles de l'article 41 de la *Constitution de 1918*. Et évoquer une telle reproduction revient à dire que les velléités folkloristes faisant parler de l'invention ou de l'importation ne peuvent qu'arpenter les landes dans le fleuve du Styx.

L'article 187 *codé article 100* dispose de la publicité des séances. L'on y retrouve que « les séances de l'Assemblée nationale sont publiques. Néanmoins, elles peuvent avoir lieu à huis clos sur la demande de cinq (5) de ses membres et il sera ensuite décidé à la majorité absolue si la séance doit être reprise en public ». Ce sont les mêmes dispositions que l'on retrouvera pour le compte de l'article 198 *codé article 110* pour ce qui concerne chacune des deux chambres. Ce qui s'avère logique, l'Assemblée nationale étant une émanation résultant de la réunion des deux chambres en une assemblée. C'est encore un héritage de la *Constitution de 1843* qui en son seul article 78 prescrivit ces mêmes dispositions : « Les séances des Chambres et de l'Assemblée nationale sont publiques. Néanmoins, chaque Assemblée se forme en comité secret sur la demande de cinq membres. L'Assemblée décide ensuite, à la majorité absolue, si la séance peut être reprise en public sur le même sujet. » Cela étant, la *Constitution de 1987* amendée ne fait que reprendre un legs de la *Constitution de 1843*, elle n'invente pas, ni n'importe comme le prétendent les folkloristes médiatiques.

L'article 188 *codé article 101* prescrit les prérogatives octroyées au Chef du Pouvoir exécutif de convoquer l'Assemblée nationale à l'extraordinaire. D'où : « En cas d'urgence, lorsque le Corps législatif n'est pas en session, le Pouvoir exécutif peut convoquer l'Assemblée nationale à l'extraordinaire. » Ce sont les mêmes dispositions qui se retrouvent dans l'article 192 *codé article 105*, tandis que l'article 193 *codé article 106* établit que « le Chef du Pouvoir exécutif rend compte de cette mesure par un message ». Ces dispositions, la *Constitution de 1987* amendée les reproduit de l'article 73 de la *Constitution de 1843* qui, de manière plus méthodique, prescrivit : « Dans l'intervalle des sessions, et en cas d'urgence, le Pouvoir exécutif peut convoquer les Chambres ou l'Assemblée nationale à l'extraordinaire. Il leur rend compte alors de cette mesure par un message. » Il n'est donc pas d'invention ou d'importation comme le laisseraient croire les indigénistes folkloristes dans leurs logomachies médiatiques.

L'article 189 codé *article 102* dispose du quorum requis pour tenir l'Assemblée nationale en prescrivant que « l'Assemblée nationale ne peut siéger ou prendre des décisions ou des résolutions sans la présence en son sein de la majorité de chacune des deux (2) Chambres ». La disposition portant sur le quorum requiert archéologie, pour autant que le réquisit de la majorité émane de la *Constitution de 1843* qui créa l'Assemblée nationale, mais cette constitution, en son article 83, prescrivit la majorité qualifiée des deux tiers de ses membres pour prendre une quelconque résolution et le cas échéant pour tenir séance. Et en poursuivant la sédimentation dans les constitutions qui disposent explicitement de l'Assemblée nationale, il résulte que la *Constitution de 1867* dans les dispositions de son article 84, la *Constitution de 1879* dans celles de son article 81 et la *Constitution de 1889* dans celles de son article 71 établirent la même majorité qualifiée de deux tiers. C'est donc de la *Constitution de 1918* que la *Constitution de 1987* amendée sous étude hérite du quorum de la majorité absolue.

En effet, la *Constitution de 1918* en son article 48 disposa : « La présence dans l'Assemblée nationale de la majorité de chacune des deux Chambres est nécessaire pour prendre des résolutions […] » Ce faisant, il s'ensuit que la *Constitution de 1987* amendée ne fait que reproduire à son compte ces dispositions constitutionnelles antérieures et le cas échéant n'importe ni n'invente. Ce qui revient à faire tomber les préjugés folkloristes dans les eaux abyssales du fleuve du Styx.

La constitution sous étude conclut la section par une anticipation sur la prochaine pour évoquer le siège du

Corps législatif. Aussi l'article 190 *codé article 103* dispose-t-il que « le Corps législatif a son siège à Port-au-Prince. Néanmoins, suivant les circonstances, ce siège peut être transféré ailleurs au même lieu et en même temps que celui du Pouvoir exécutif ». Ces dispositions se retrouvent dans toutes les constitutions qui définissent l'exercice de la souveraineté nationale par l'existence de trois pouvoirs. Le principe de base est qu'il faut une ville-siège pour les trois pouvoirs. D'où pourquoi il est prévu un transfert simultané. Ce n'est donc pas une invention, encore moins une importation comme le prétendent les folkloristes. Pour la suite, je passe à la section D portant sur l'exercice du Pouvoir législatif.

iv. Section D : De l'exercice du Pouvoir législatif

La présente section s'étend sur un long espace de 54 articles. Elle demeure l'une des séquences les plus longues de la constitution sous étude. Les articles dont les dispositions sont énoncées pour le compte de l'Assemblée nationale ne seront pas mentionnés une seconde fois. Au premier chef, l'on retrouve l'article 191 *codé article 104* qui dispose que « la session du Corps législatif prend date dès l'ouverture des deux (2) Chambres en Assemblée nationale ». L'archéologie remontant à la *Constitution de 1843* disposant explicitement le point portant sur l'exercice du pouvoir législatif révèle que la date de la séance d'ouverture en Assemblée nationale équivalait tout logiquement à celle de la session législative. Quitte à faire la digression pour souligner que, de la *Constitution de 1843* à celle de 1946, ce fut toujours le 1er lundi d'avril, puis de la *Constitution de 1950* à celle de 1983, le deuxième lundi d'avril, tandis que la *Constitution de 1987* amendée sous étude, elle, dispose de deux sessions dont la première va du deuxième lundi de janvier au deuxième lundi de mai et la deuxième va du deuxième lundi de juin au deuxième lundi de septembre.

L'implicite de la disposition renvoyant à la date initiale de la session législative, la *Constitution de 1918* lui confia à Libitine pour avoir disposé explicitement en son article 50 que « [...] la session prend date dès la constitution des bureaux des deux Chambres ». Quant à la *Constitution de 1987* amendée sous étude, elle reproduit la disposition qu'elle hérite de la *Constitution de 1932* qui, elle, inséra explicitement dans les prescriptions d'un alinéa de son même article 50 que « la session prend date dès l'ouverture des deux Chambres en Assemblée nationale ». Il s'ensuit qu'elle ne l'a ni inventée ni importée, ce qui va annihilant les préjugés médiatico-folkloristes y relatifs.

L'article 197 *codé article 108* dispose que « chaque chambre vérifie et valide les pouvoirs de ses membres et juge souverainement les contestations qui s'élèvent à ce sujet ». Cela étant, la *Constitution de 1987* amendée hérite d'emblée des dispositions de l'article 76 de la *Constitution de 1843*. La sédimentation révèle que jusqu'à la *Constitution de 1889*, il ne fut prescrit que la vérification. La *Constitution de 1918*, quant à elle, ajouta la modalité « souverainement » dans les prescriptions de son article 52. Pour ce qui concerne la validation, elle date de la *Constitution de 1946* qui, *in fine*, prescrit en son article 57 les dispositions que la *Constitution de 1987* amendée reproduit littéralement à son actif. Il n'est pas requis de poursuivre la sédimentation pour conclure que les préjugés folkloristes motivant la présente étude tombent de leur plus belle chute.

Quant à l'article 198 *codé article 109* du serment que se doit de prêter chaque parlementaire en prescrivant : « Les membres de chaque Chambre prêtent le serment suivant : "Je jure de m'acquitter de ma tâche, de maintenir et de sauvegarder les droits du Peuple et d'être fidèle à la Constitution". » Le texte du serment requiert archéologie, attendu que la *Constitution de 1843* qui institua la prestation de serment pour les parlementaires ne le formula pas mais disposa déjà de ce qu'il en est de sa substance en établissant en son article 77 que « les membres de chaque Chambre prêtent individuellement le serment de maintenir les droits du peuple et d'être fidèles à la Constitution ».

Il y va de toutes les constitutions ultérieures et ce jusqu'à la *Constitution de 1946* qui elle donna une formulation du serment en disposant en son article 58 que « les membres de chaque Chambre prêtent le serment suivant : "Je jure de maintenir et de sauvegarder les droits du Peuple et d'être fidèle à la Constitution" ». Cette formulation resta inchangée dans la *Constitution de 1950* et dans les trois premières constitutions conférant le monocaméralisme : la *Constitution de 1957*, celle de 1964 et celle de 1971. Dit autrement, c'est la *Constitution de 1983* qui le reformula en y opérant l'ajout de l'assomption des responsabilités y afférentes.

En effet, la *Constitution de 1983* dans les dispositions de son article 75 conféra : « Au moment d'entrer en fonction, les députés prêtent individuellement le serment suivant : "Je jure de remplir mes charges avec patriotisme, de maintenir et de sauvegarder les droits du peuple et d'être fidèle à la Constitution". » Cela étant, la *Constitution de 1987* amendée reprend les dispositions de son prédécesseur de 1983 tout en opérant un changement dans la formulation où en lieu et place de « remplir mes charges avec patriotisme », elle prescrit « m'acquitter de ma tâche ». Ce faisant, elle n'invente ni n'importe ses dispositions, elle ne fait que reprendre un legs de ses ancêtres, contrairement à ce que feraient imaginer les folkloristes dans leurs machinations médiatiques.

La prérogative *princeps* du Pouvoir législatif consiste à faire des lois. C'est d'ailleurs la raison pour laquelle l'on parle de pouvoir législatif. Aussi retrouve-t-on l'article 199 *codé article 111* qui dispose que « le Pouvoir législatif fait des lois sur tous les objets d'intérêt public » et que l'article 200 *codé article 111-1* prescrit inconditionnellement le principe en établissant que « l'initiative en appartient à chacune des deux (2) Chambres ainsi qu'au Pouvoir exécutif ». Toujours est-il qu'il existe une restriction à ce principe, il s'agit de la loi budgétaire. Sauf à reprendre l'article 201 *codé article 111-2* qui dispose : « Toutefois, l'initiative de la Loi budgétaire, des lois concernant l'assiette, la quotité et le mode de perception des impôts et contributions, de celles ayant pour objet de créer des recettes ou d'augmenter les recettes et les dépenses de l'État est du ressort du Pouvoir exécutif. Les projets présentés à cet égard doivent être votés d'abord par la Chambre des députés ».

Si tant est que l'on puisse faire remarquer que la *Constitution de 1987* amendée hérite, *forma et substantia*, les présentes dispositions sur la création des lois de la *Constitution de 1843*, il appert de surligner qu'en revanche celle-ci conféra les prérogatives de la loi budgétaire au seul ressort du Pouvoir législatif et étendit les restrictions et le cas échéant agrandit les prérogatives du Pouvoir législatif en prescrivant au troisième alinéa de son article 81 que « néanmoins, le Pouvoir exécutif ne peut proposer aucune loi relative aux recettes et aux dépenses de l'État, au contingent de l'armée de terre et de mer, à la garde nationale, aux élections et à la responsabilité des secrétaires d'État et autres agents du Pouvoir Exécutif ». Pour sa part, la *Constitution de 1843* hérita cette restriction de la *Constitution de 1816* qui, elle, conféra, quoique de manière embryonnaire, les prérogatives à la seule Chambre des communes et qu'en son article 57 disposa :

« Elle établit les contributions publiques, en détermine la nature, la quotité, la durée et le mode de perception. »

Par ailleurs, la dernière disposition de l'article 201 *codé article 111-2* de la *Constitution de 1987* amendée sous étude conférant primauté à la Chambre des députés pour ce qui concerne la loi budgétaire est bien un héritage de la *Constitution de 1843* dont le quatrième alinéa de son article 81 établit que toute loi y relative « doit d'abord être votée par la Chambre des communes ».

L'archéologie révèle que le répertoire des restrictions qui agrandit les prérogatives du Pouvoir législatif dont dispose la *Constitution de 1843* ne fit pas long feu. Les constitutions allant de celle de 1846 à celle de 1889 n'eurent aucune disposition explicite renvoyant à une quelconque restriction, mais toutes, à l'exception de la *Constitution de 1888*, conférèrent explicitement primauté à la Chambre des communes ou des députés pour ce qui renvoie au vote de la loi budgétaire. Ce faisant, la *Constitution de 1987* amendée n'a pas tout hérité en matière de création des lois de la *Constitution de 1843* ni des autres constitutions du dix-neuvième siècle. C'est en revanche de la *Constitution de 1918* que la *Constitution de 1987* amendée hérite pleinement ses dispositions concernant la création des lois, notamment celles relatives à la loi budgétaire. En effet, la *Constitution de 1918* disposa au cinquième et dernier alinéa de son long article 55 que « le pouvoir exécutif a seul le droit de prendre l'initiative des lois concernant les dépenses publiques ; et aucune des deux Chambres n'a le droit d'augmenter tout ou partie des dépenses proposées par le Pouvoir Exécutif ». Cela dit, la *Constitution de 1987* amendée ne fait que reprendre à son compte un héritage de ses ancêtres, particulièrement de la *Constitution de 1918*, elle n'inventa pas ni n'importa les dispositions en question contrairement à ce que prétendent les indigénistes folkloristes.

L'article 202 *codé article 111-3* dispose de la méthode de la résolution de tout éventuel différend entre les deux chambres autour de la loi budgétaire en prescrivant : « En cas de désaccord entre les deux (2) Chambres relativement aux Lois mentionnées dans le précédent paragraphe, chaque Chambre nomme au scrutin de liste et en nombre égal une Commission parlementaire qui résout en dernier ressort le désaccord. » Considérant que les dispositions conférant les prérogatives de la loi budgétaire au Pouvoir Exécutif datent explicitement de la *Constitution de 1918* comme susmentionné, aucune archéologie n'est requise pour tenir que la *Constitution de 1987* amendée hérite les dispositions du présent article de la *Constitution de 1918* qui, au quatrième alinéa de son article 55 établit qu' « en cas de désaccord entre les deux Chambres relativement à ces lois, chaque Chambre nomme par tirage au sort, en nombre égal une commission interparlementaire qui résout en dernier ressort le désaccord ». Contrairement aux prétentions médiatiques des folkloristes, la *Constitution de 1987* amendée n'a donc ni inventé ni importé cette modalité, elle s'en est appropriée.

L'article 204 *codé article 111-8* dispose : « En aucun cas, la Chambre des députés ou le Sénat ne peut être dissous ou ajourné, ni le mandat de leurs membres prorogé. » La *Constitution de 1987* amendée sous étude hérite ces dispositions de la *Constitution de 1843* qui fournit l'armature en prescrivant au troisième alinéa de son article 72 que « le Corps législatif ne peut jamais être dissous ni prorogé ». Cela étant, la *Constitution de 1987* amendée sous étude n'a ni inventé ni importé ces dispositions comme le laisseraient croire les préjugés médiatiques des indigénistes folkloristes. Elle ne fait que prévaloir un héritage.

L'article 205 *codé article 112* dispose que « chaque chambre au terme de ses règlements nomme son personnel, fixe sa discipline et détermine le mode suivant lequel elle exerce ses attributions ». Les présentes dispositions, la *Constitution de 1987* amendée sous étude les hérite de la *Constitution de 1843* qui, en son article 101, prescrivit que « chaque chambre, par son règlement, fixe sa discipline, et détermine le mode suivant lequel elle exerce ses attributions ». Cela dit, les dispositions consistant en la nomination du personnel ne datent pas de la *Constitution de 1843*, ni d'aucune des constitutions allant de celle de 1846 à celle de 1946 qui se contentèrent de reprendre, *forma et substantia*, les dispositions de son article 101. Dès lors, il revient à dire que c'est de la *Constitution de 1950* que la *Constitution de 1987* amendée hérite toutes les dispositions de son article en question. En effet, le premier alinéa de l'article 58 de la *Constitution de 1950* disposa : « Chaque chambre, par ses règlements, nomme son personnel, fixe sa discipline et détermine le mode suivant lequel elle exerce ses attributions. » *Mutatis mutandis*, la *Constitution de 1987* amendée n'a fait que reprendre un legs et le cas échéant elle force les préjugés médiatico-folkloristes des indigénistes à arpenter les landes du fleuve Léthé.

L'article 206 *codé article 112-1* dispose que « chaque Chambre peut appliquer à ses membres pour conduite répréhensible, par décision prise à la majorité des 2/3, des peines disciplinaires sauf celle de la radiation », tandis que l'article 207 *codé article 113* consacre que « sera déchu de sa qualité de député ou de sénateur, tout membre du Corps législatif qui, pendant la durée de son mandat, aura frappé d'une condamnation prononcée par un Tribunal de droit commun qui a acquis autorité de chose jugée et entraîne l'inéligibilité ». Avant toute archéologie, il importe de faire remarquer que l'interdiction de la radiation d'un côté et l'établissement de l'inéligibilité de l'autre se convergent vers le même effet et la destitution en 2008 des sénateurs Ultimo Compère et Rudolph Boulos sous accusation de détention de la double citoyenneté en constitue un témoignage probant.

Cela dit, les dispositions renvoient, *grosso modo*, à des niveaux de sanction pouvant aller d'un seul reproche à la destitution. Dès lors, la *Constitution de 1987* amendée sous étude hérite ces dispositions des constitutions allant de celle de 1918 à celle de 1950. S'agit-il respectivement du second alinéa de l'article 56 de la *Constitution de 1918* ou de la *Constitution de 1932*, de l'article 62 de la *Constitution de 1946* ou du second alinéa de l'article 58 de la *Constitution de 1950*, les dispositions furent les mêmes : « Chaque Chambre peut appliquer des peines disciplinaires à ses membres pour conduite répréhensible, et peut expulser un membre par la majorité des deux tiers de ses membres. » Ce qui revient à dire que la *Constitution de 1987* amendée sous étude n'a guère inventé ni importé les dispositions en question comme le feraient entendre les indigénistes folkloristes.

Les quatre prochains articles consacrent l'immunité parlementaire. L'on y distingue l'immunité de procédure ou l'inviolabilité selon les vœux de l'article 208 *codé article 114* qui dispose que « les membres du Corps législatif sont inviolables du jour de leur prestation de serment jusqu'à l'expiration de leur mandat, sous réserve de l'article 115 ci-après », puis l'immunité fonctionnelle ou l'irresponsabilité selon les prescrits de l'article 209 *codé article 114-1* qui établit qu'« ils ne peuvent être en aucun temps poursuivis et attaqués pour les opinions et votes émis par eux dans l'exercice de leur fonction ». Les deux autres articles traitent des modalités de l'exercice de l'immunité par l'empêchement de toute procédure administrative, civile ou pénale à l'encontre d'un parlementaire, hormis restriction en cas de flagrant délit. Aussi retrouve-t-on respectivement l'article 210 *codé article 114-2* qui consacre qu'« aucune contrainte par corps ne peut être exécutée contre un membre du Corps législatif pendant la durée de son mandat », tandis que l'article 211 *codé article 115* dispose que « nul membre du Corps législatif ne peut durant son mandat, être arrêté en matière criminelle, correctionnelle ou de police pour délit de droit commun si ce n'est avec l'autorisation de la Chambre à laquelle il appartient, sauf en cas de flagrant délit pour faits emportant une peine afflictive et infamante. Il en est alors référé à la Chambre des députés ou au Sénat [...] ».

Avant de procéder aux sédimentations requises, il n'est pas incongru de souligner qu'il s'avère important de faire l'herméneutique des dispositions de l'article 211 *codé article 115* à la lumière de celles de l'article 207 *codé article 113* au prix de ne générer ni des restrictions ni des confusions avec d'éventuelles formulations qui semblent différer dans les dispositions des constitutions antérieures. *Mutatis mutandis*, il échoit de surligner que les dispositions consacrant l'immunité parlementaire, la *Constitution de 1987* amendée sous étude les hérite de la *Constitution de 1816* qui y accordèrent les prescriptions de ses articles allant de 89 à 94. Mais de manière explicite et complète, les dispositions de la *Constitution de 1987* amendée proviennent de la *Constitution de 1843*.

En effet, la *Constitution de 1987* sous étude reprend les dispositions des articles 97 à 100 que de la *Constitution de 1843* consacra à l'immunité. L'on y retrouve donc clairement définies les différentes propriétés de l'immunité, à rappeler l'immunité de procédure qui confère l'inviolabilité et l'immunité fonctionnelle (ou immunité de fond) qui confère l'irresponsabilité dans l'exercice du mandat du parlementaire (sénateur ou député). Il ne s'agit donc d'aucune invention ni d'importation, mais reproduction et le cas échéant, les préjugés médiatiques des indigénistes folkloristes tombent de leur plus belle chute pour se diriger vers les eaux de l'Archéron.

Les deux articles suivants disposent du quorum requis pour que chaque branche du Pouvoir législatif tienne séance et le cas échéant pour prendre des décisions. Il s'agit de la majorité absolue. Aussi l'article 212 *codé article 116* consacre qu'« aucune des deux (2) Chambres ne peut siéger, ni prendre une résolution sans la présence de la majorité de ses membres », tandis que l'article 213 *codé article 117* confère que « tous les actes du Corps législatif doivent être pris à la majorité des membres présents, excepté s'il en est autrement prévu par la présente Constitution ». *Prima facie*, il importe de faire remarquer que l'Assemblée nationale créée par la *Constitution de 1843* disposa de la majorité qualifiée de deux tiers jusqu'à la *Constitution de 1889* et qu'il revint à la *Constitution de 1918* de conférer la majorité absolue. Tel ne fut pas le cas pour chaque branche du Pouvoir législatif.

En effet, la *Constitution de 1816* qui créa la Chambre des communes dite par la suite Chambre des députés disposa au dernier alinéa de son article 69 que « la majorité absolue des représentants réunis, constitue la Chambre des représentants des communes », tandis son article 117 prescrivit que « la majorité absolue de ses membres réunis constitue le Sénat ». Cela dit, la *Constitution de 1987* amendée sous étude hérite ses dispositions sur le quorum de la *Constitution de 1816*. Quant aux dispositions renvoyant aux décisions, elle les hérite explicitement de la *Constitution de 1843* qui en son article 84 conféra que « toute résolution est prise à la majorité des suffrages, sauf les cas prévus par la

Constitution ». Dès lors, contrairement à ce que présageraient les indigénistes folkloristes au travers de leurs logomachies médiatiques, il n'est guère d'invention ni d'importation mais l'assomption d'un legs.

L'article 214 *codé article 118* dispose que « chaque Chambre a le droit d'enquêter sur les questions dont elle est saisie ». Sans qu'il soit requis de sédimentations approfondies, il appert de préciser que les dispositions du présent article sont un emprunt de l'article 86 de la *Constitution de 1843* qui prescrivit que « chaque Chambre a le droit d'enquête sur tous les objets à elle attribués ». Dès lors, les préjugés médiatiques des indigénistes folkloristes ne peuvent que suivre les eaux fluviales de l'Achéron, attendu qu'il ne s'agit ni d'invention ni d'importation, mais reformulation.

L'article 215 *codé article 119* dispose que « tout projet de loi doit être voté article par article », tandis que l'article 216 *codé article 119-1* confère que « le Pouvoir exécutif peut solliciter le bénéfice de l'urgence dans le vote d'un projet de loi. Dans le cas où le bénéfice de l'urgence sollicité est obtenu, le projet de loi est voté article par article toutes affaires cessantes ». Avant toute archéologie, il s'avère important de souligner que le bénéfice de l'urgence n'a effet que sur les procédures, particulièrement sur l'intervalle de temps qui pourrait être imparti d'une lecture à l'autre. Dès lors, l'on retrouvera d'emblée la *Constitution de 1843* de laquelle la *Constitution de 1987* amendée hérite les dispositions de ses deux articles en question. En effet, la *Constitution de 1843* disposa en son article 88 qu'« un projet de loi ne peut être adopté par l'une des Chambres qu'après avoir été voté article par article », tandis que son article 87 prescrivit que « tout projet de loi est soumis à trois lectures, à moins que la Chambre ne déclare qu'il y a urgence. Il y aura, entre chaque lecture, un intervalle d'un jour au moins ». Ce faisant, les préjugés des indigénistes folkloristes ne peuvent que s'enliser dans les eaux fluviales du Cocyte, considérant qu'il n'y a ni invention, ni importation.

L'article 217 *codé article 120* consacre que « chaque Chambre a le droit d'amender et de diviser les articles et amendements proposés. Les amendements votés par une Chambre ne peuvent faire partie d'un projet de loi qu'après avoir été votés par l'autre Chambre dans la même forme et en des termes identiques. Aucun projet de loi ne devient Loi qu'après avoir été voté dans la même forme par les deux (2) Chambres » et que l'article 218 *codé article 120-1* dispose que « tout projet peut être retiré de la discussion tant qu'il n'a pas été définitivement voté ». Les dispositions du présent article, la *Constitution de 1987* amendée les hérite de l'article 89 de la *Constitution de 1843*, mais quant à la formulation, elle les reprend de l'article 61 de la *Constitution de 1918* qui conféra que « chaque Chambre a le droit d'amender et de diviser les articles et amendements proposés. Les amendements votés par une Chambre ne peuvent faire partie d'un projet de loi qu'après avoir été votés par l'autre Chambre ; et aucun projet de loi ne devient Loi qu'après avoir été voté dans la même forme par les deux (2) Chambres. Tout projet peut être retiré de la discussion tant que ce projet n'a pas été définitivement voté ». Par conséquent, il s'ensuit qu'il y a reproduction en lieu et place de l'invention et de l'importation que feraient prévaloir les logomachies médiatiques des indigénistes folkloristes.

Les sept articles qui suivent, traitent du rapport entre le Pouvoir législatif et le Président de la République autour des lois déjà votées et le cas échéant la navette qui en résulte. Il n'est pas requis de les reprendre tous, mais seulement les cinq premiers articles, attendu les deux derniers articles qui prescrivent la modalité du vote à effectuer et le quorum requis ont été déjà traités *supra*. Les cinq articles en question sont repris d'un trait au prix de faciliter la congruence. Aussi retrouve-t-on l'article 219 *codé article 121* qui ordonne que « toute loi votée par le Corps législatif est immédiatement adressée au Président de la République qui, avant de la promulguer, a le droit d'y faire des objections en tout ou en partie ». L'article 220, *codé article 121-1* prescrit que « dans ce cas, le président de la République renvoie la loi avec ses objections à la Chambre où elle a été primitivement votée. Si la loi est amendée par cette Chambre, elle est renvoyée à l'autre Chambre avec les objections ». L'article 221 *codé article 121-2* prévoit que « si la Loi ainsi amendée est votée par la seconde Chambre, elle sera adressée de nouveau au Président de la République pour être promulguée ». L'article 222 *codé article 121-3* consacre que « si les objections sont rejetées par la Chambre qui a primitivement voté la loi, elle est renvoyée à l'autre Chambre avec les objections », tandis que l'article 223 *codé article 121-4* établit que « si la seconde Chambre vote également le rejet, la Loi est renvoyée au Président de la République qui est dans l'obligation de la promulguer ».

L'interrelation, l'interaction trilogique entre les deux branches du Parlement et le Président de la République requiert, *prima facie*, que référence soit faite à la *Constitution de 1843* qui elle traita pour la première fois de l'exercice du Pouvoir législatif. En effet, la *Constitution de 1987* amendée sous étude hérite les dispositions en question de la *Constitution de 1843*. Aussi celle-ci prescrivit-elle en son long article 90 toutes les dispositions qui font l'objet de celles des cinq articles repris de la constitution sous étude. D'où l'article 90 conféra : « Toute loi admise par les deux Chambres est immédiatement adressée au pouvoir exécutif, qui, avant de la promulguer, a le droit d'y faire des objections. Dans ce cas, il renvoie la loi à la Chambre où elle a été primitivement votée, avec ses objections ; si elles sont admises, la loi est amendée par les deux Chambres. Si elles sont rejetées, la loi est de nouveau adressée au pouvoir exécutif pour être promulguée. » Ce faisant, il s'ensuit que la *Constitution de 1987* amendée ne fait que conserver cet héritage et le cas échéant, elle force les préjugés médiatiques des indigénistes folkloristes à arpenter les landes des eaux fluviales du Phlégéthon.

Les articles 226 et 227 avec leurs codes respectifs prescrivent de la modalité d'exercice du droit d'objection dont dispose le Président de la République. L'article 226 *codé article 122* consacre que « le droit d'objection doit être exercé dans un délai de huit (8) jours francs à partir de la date de la réception de la loi par le Président de la République », tandis que l'article 226 *codé article 123* prévoit que « si dans les délais prescrits, le Président de la République ne fait aucune objection, la loi doit être promulguée à moins que la session du Corps législatif n'ait pris fin avant l'expiration des délais, dans ce cas, la loi demeure ajournée. La loi ainsi ajournée est, à l'ouverture de la session suivante, adressée au Président de la République pour l'exercice de son droit d'objection ».

Les présentes dispositions, la *Constitution de 1987* amendée préoccupant la présente archéologie, les hérite de la *Constitution de 1843*. Toutefois, les modalités de l'héritage étant différentes, la question requiert sédimentation. En effet, la *Constitution de 1843* disposa en son article 92 d'un droit d'objection de deux jours pour les lois d'urgence et de huit jours pour les autres lois. La *Constitution de 1846* en son article 98, la *Constitution impériale de 1849* en son article 91 et la *Constitution de 1874* en son article 93 prescrivirent un droit d'objection de huit jours pour les lois d'urgence et de 15 jours pour les autres lois. Pour leur part, la *Constitution de 1867* en son article 91, celle de 1879 en son article 88 et celle de 1889 en son article 78 consacrèrent un délai de trois jours pour les lois d'urgence et de huit jours pour les autres lois.

C'est précisément de la *Constitution de 1918* dans les prescrits de ses articles 63 et 64 que la *Constitution de 1987* amendée sous étude emprunte ses dispositions. Ledit article 63 établit que « le droit d'objection doit être exercé dans un délai de huit jours à partir de la date de la présentation de la loi au Président, à l'exclusion des dimanches et des jours d'ajournement du Corps législatif [...]», tandis que le susdit article 64 disposa que « si dans les délais prescrits, le Président de la République ne fait aucune objection, la loi doit être promulguée, à moins que la session du Corps législatif n'ait pris fin avant l'expiration des délais, dans ce cas, la loi demeure ajournée ». Ce faisant, les préjugés médiatiques des indigénistes folkloristes n'ont qu'à se confier à Libitine, attendu qu'il n'est guère d'invention, ni d'importation.

L'article 228 *codé article 124* consacre la limitation de tout projet de loi à une unique session en disposant qu' « un projet de loi rejeté par l'une des deux (2) Chambres ne peut être présenté de nouveau dans la même Session ». Les sédiments renvoyant aux dispositions du présent article se retrouvent dès la *Constitution de 1806* où seul n'exista que le Sénat. Son article 78 prescrivit que « toute proposition qui, soumise à la discussion, a été rejetée après la troisième lecture, ne peut être reproduite qu'après une année révolue ». Ces prescriptions, la *Constitution de 1816* les reprit en son article 84. Mais, les dispositions propres à la *Constitution de 1987* amendée sous étude, celles-ci se révèlent être une reproduction littérale de celles de l'article 94 de la *Constitution de 1843* et le cas échéant, il n'est ni importation ni invention comme le prétendraient les indigénistes folkloristes.

Les trois articles qui suivent traitent de la prise d'effet des lois adoptées. Chaque article consacre un terme important, soit respectivement : officialisation, numérotation et datation. Aussi retrouve-t-on l'article 229 *codé article 125* qui prescrit que « Les Lois et Actes du Corps législatif et de l'Assemblée nationale seront rendus exécutoires par leur promulgation et leur publication au journal officiel de la République », puis l'article 230 *codé article 125-1* établit qu'« ils sont numérotés, insérés dans le bulletin imprimé et numéroté ayant pour titre Bulletin des Lois et Actes » et l'article 231 *codé article 126* consacre que « la Loi prend date du jour de son adoption définitive par les deux Chambres ». Sédimentation requise, une fois que l'on aura rappelé que le journal officiel *Le Moniteur* vit le jour en 1845 et que le *Bulletin des Lois* naquit en 1816 selon les vœux de l'article 78 de la *Constitution de 1816*. Métronome de la question du Pouvoir législatif, la *Constitution de 1843* qui ne sut évoquer le *Moniteur* établit respectivement en son article 95 que « les lois sont rendues officielles par la voie d'un bulletin imprimé et numéroté, ayant pour titre : Bulletin des lois » et au premier alinéa de son article 96 que « la loi prend date du jour où elle a été définitivement adoptée par les deux Chambres ».

Cela étant, les dispositions de deux des trois articles en question de la *Constitution de 1987* sous étude sont évidemment un héritage de la *Constitution de 1843*. En revanche, la création du journal officiel *Le Moniteur* en 1845 n'a pas nécessairement fait changer les dispositions que consacra cette dernière. Ni la *Constitution de 1846*, ni la *Constitution impériale de 1849*, ni la *Constitution de 1867* n'évoquèrent *Le Moniteur* pour ce qui concerne les lois ou les actes du Pouvoir législatif : ils ne firent que reprendre les dispositions de la *Constitution de 1843*. La mention du journal officiel ne fut faite que par la *Constitution de 1874* en son article 96, déjà avec les trois marqueurs, à savoir officialisation, numérotation et datation, mais les dispositions de la *Constitution de 1987* amendée en question, plus précisément pour ce qui renvoie à la formulation, proviennent de la *Constitution de 1879* où l'on retrouva respectivement l'article 91 qui prescrivit que « les lois et autres actes du Corps législatif sont rendus officiels par la voie du Moniteur, et insérés dans un bulletin imprimé et numéroté, ayant pour titre : Bulletin des lois » et l'article 92 qui établit que « la loi prend date du jour où elle a été définitivement adoptée par les deux Chambres [...] ». Cela dit, contrairement à ce que prétendent les logomachies médiatiques des indigénistes folkloristes, la *Constitution de 1987* amendée n'invente ni n'importe ses dispositions en la matière.

L'article 232 *codé article 127* dispose que « nul ne peut en personne présenter des pétitions à la tribune du Pouvoir législatif. Toute pétition adressée au Pouvoir législatif doit donner lieu à une procédure réglementaire permettant de statuer sur son objet ». Les prévisions que consacre le présent article remonte à la *Constitution de 1843* où le second alinéa de son article 96 prescrivit que « nul n'a le droit de présenter, en personne, des pétitions aux Chambres ». Cela étant, il s'ensuit qu'il n'est guère d'invention ni d'importation comme le laisseraient croire les indigénistes folkloristes.

L'article 233 *codé article 128* confère que « l'interprétation des Lois par voie d'autorité, n'appartient qu'au Pouvoir législatif, elle est donnée dans la forme d'une Loi ». Les dispositions du présent article demeurent la reproduction littérale de celles de l'article 82 de la *Constitution de 1843*. Toutefois, il échoit de se demander si le souci de reproduction de ce qui a été déjà fait ne conduit pas l'assemblée chargée d'amender la *Constitution de 1987* à l'incongruité. En effet, du moment où la constitution dans sa version amendée dispose d'un Conseil constitutionnel, il faudrait se dire qu'à ce dernier reviennent les prérogatives d'interprétation des lois par voie d'autorité, attendu qu'il se doit de se prononcer selon les prescrits de l'article 335 *codé article 190 ter-5* sur la constitutionnalité des lois avant leur promulgation et que l'article 339 *codé article 190 ter-9* établit qu'« une disposition jugée inconstitutionnelle ne peut être promulguée ni mise en application ». Autant dire que c'est désormais au Conseil constitutionnel qu'il est dévolu les prérogatives d'interprétation des lois par voie d'autorité.

L'article 235 *codé article 129-1* dispose que « la fonction de membre du Corps législatif est incompatible avec toute fonction rétribuée par l'État, sauf celle d'enseignant ». Les dispositions portant sur l'incompatibilité de la tâche de parlementaire avec d'autres charges publiques sont aussi vieilles que le Pouvoir législatif, avant même de parler proprement de Corps législatif consacré par la *Constitution de 1843*. La rétribution en est donc l'enjeu, car l'idée a toujours été de ne détenir qu'une seule indemnité. En effet, la *Constitution de 1806* donna le ton en conférant en son article 74 qu'« un fonctionnaire public nommé au Sénat, et auquel l'État donne une indemnité, ne pourra cumuler les deux indemnités : il optera entre son mandat de sénateur et celle de la fonction publique qu'il occupait. Les fonctions militaires seules ne sont pas incompatibles avec celle de sénateur », mais la *Constitution de 1816* alla mettre les pendules à l'heure en procédant à une précision complémentaire qui s'avéra nécessaire. Aussi retrouve-t-on respectivement l'article 105 qui conféra que « les fonctions militaires seules ne sont pas incompatibles avec celle de sénateur », tandis que l'article 106 ordonna qu'« un militaire nommé au Sénat ne peut cumuler deux indemnités ; il optera entre l'indemnité de sénateur et de celle de son grade militaire ».

Pour sa part, la *Constitution de 1843* à partir de laquelle il convenait de parler convenablement du Corps législatif ne prit pas la tangente. Elle fit l'assomption des dispositions précédentes et elle alla durcissant le ton, si bien que la haute importance accordée à la fonction parlementaire ne fut pas loin de priver le parlementaire de sa pleine liberté. Aussi prescrivit-elle en son article 80 que « les fonctions de représentant et celles de sénateur sont incompatibles avec les fonctions salariées par l'État ou à la nomination du Pouvoir exécutif. Les membres du Corps législatif ne peuvent, durant la législature, accepter aucune fonction salariée à la nomination du Pouvoir exécutif, même en renonçant à leur mandat ».

Dès lors, il n'est pas requis d'approfondir la sédimentation, car les autres chartes fondamentales qui disposent qu'un parlementaire pourra occuper d'autres tâches (Secrétaire d'État, Chargé de mission diplomatique) précisent également qu'il n'y aura pas une deuxième indemnité, à l'exception des frais de mission temporaire hors du pays (cf. *Constitution de 1932*) ou à l'inverse, elles précisent qu'un tel parlementaire cesse, ce faisant, de jouir des prérogatives de participer aux délibérations de la Chambre en question (cf. *Constitution de 1950*). Ce qui, *in fine*, ne revient qu'à dire qu'il n'est plus parlementaire. Cela étant, la question n'est pas nouvelle et ne s'avère être guère une quelconque importation ni une invention de la *Constitution de 1987* amendée comme le prétendent les indigénistes folkloristes dans leurs logomachies médiatiques.

L'article 236 *codé article 129-2* consacre que « le droit de questionner et d'interpeller un membre du gouvernement ou le gouvernement tout entier sur les faits et actes de l'Administration est reconnu à tout membre des deux (2) Chambres », tandis que l'article 237 *codé article 129-3* dispose que « la demande d'interpellation doit être appuyée par cinq (5) membres du Corps intéressé. Elle aboutit à un vote de confiance ou de censure pris à la majorité de ce Corps ». Les dispositions de ces articles remontent à la *Constitution de 1843* qui, au second alinéa de son article 131, établit que « les Chambres peuvent requérir la présence des secrétaires d'État, et les interpeller sur tous les faits de leur administration ». Il en alla de la *Constitution de 1846* au premier alinéa de son article 136 et de la *Constitution impériale de 1849* au premier alinéa de son article 150 avec le remplacement du terme de secrétaire d'État par celui de ministre. Cette même formulation, donc celle de la *Constitution de 1843* resta en vigueur jusqu'à la *Constitution de 1889*. Elle subit une restriction dans la *Constitution de 1918* avant d'avoir une reformulation dans la *Constitution de 1932* qui au troisième alinéa de son article 90 ordonna que « la demande doit être appuyée du tiers des membres présents ».

Mais pour ce qui concerne la formulation de ses dispositions, la *Constitution de 1987* amendée sous étude l'hérite respectivement des quatrième et cinquième alinéas de l'article 79 de la *Constitution de 1946* qui prescrivit : « Le droit de questionner et d'interpeller un membre du cabinet ou le cabinet entier est reconnu à tout membre des deux Chambres sur les faits et actes de l'administration de l'Exécutif. La demande doit être appuyée de cinq membres du corps intéressé. » Cela dit, contrairement à ce que laisseraient croire les indigénistes folkloristes, les dispositions de ces articles de la *Constitution de 1987* amendée en question ne sont ni une importation ni une invention, mais reformulation. Ce qui ne peut que porter les préjugés indigénistes à arpenter les landes dans les eaux fluviales du Cocyte.

Les articles allant de 241 à 244 avec leurs codes respectifs traitent des élections partielles en vue de compléter l'effectif de la branche du Pouvoir législatif concerné pour quelque raison que ce soit. L'article 241 *codé article 130* dispose qu'« en cas de mort, de démission, de déchéance, d'interdiction judiciaire ou d'acceptation d'une fonction incompatible avec celle de membre du Corps législatif, il est pourvu au remplacement du député ou du sénateur dans sa circonscription électorale pour le temps qui reste à courir par une élection partielle sur convocation de l'Assemblée primaire électorale faite par le Conseil électoral permanent dans le mois de la vacance » et l'article 243 *codé article 130-2* où il est prévu qu'« il en est de même à défaut d'élection ou en cas de nullité des élections prononcée par le Conseil électoral permanent dans une ou plusieurs circonscriptions », tandis que l'article 242 *codé article 130-1* prévoit que « l'élection a lieu dans une période de trente (30) jours après la convocation de l'Assemblée primaire, conformément à la Constitution » et que l'article 244 *codé article 130-3* prescrit que « cependant, si la vacance se produit au cours de la dernière session ordinaire de la législature ou après la session, il n'y a pas lieu à l'élection partielle ». Cela étant, il convient de surligner que les élections partielles suivent les mêmes principes que les élections ordinaires ou élections à intervalles réguliers. Il n'est pas donc pas de particularité dans les principes et le cas échéant, il n'est pas de préjudice à l'universalité des dispositions constitutionnelles y relatives.

Les dispositions relatives à ces articles, donc au scrutin partiel de remplacement, remontent à la *Constitution 1806* qui elle créa le Pouvoir législatif, comme en témoigna son article 60. La *Constitution de 1816* ne prit pas la tangente. Elle prévit en son article 62 un suppléant comme remplaçant éventuel de chaque député pour quelque besoin de remplacement que ce soit, tandis que l'article 109 disposa des élections partielles en précisant que « le même mode d'élection sera suivi dans le cas de mort, démission, etc., des sénateurs et la nomination aux places vacantes se fera dans un délai de huit jours au plus tard ». Mais, la *Constitution de 1987* amendée sous étude emprunte respectivement ses dispositions de la *Constitution de 1843*, de celle de 1918 et plus particulièrement de la *Constitution de 1932* où elle puise même les formulations.

En effet, si l'on fait l'économie d'une reprise des causes des élections partielles, la *Constitution de 1987* amendée hérite de la *Constitution de 1843* la séquence « pour le temps seulement qui reste à courir » (articles 57 et 65) et de la *Constitution de 1918* la séquence « de trente jours après la convocation de l'Assemblée primaire » (articles 35 et 39) et tout le reste de la *Constitution de 1932* qui dans les deux derniers alinéas de son long article 36 disposa en plus qu'« il en sera de même à défaut d'élection ou en cas de nullité des élections dans une ou plusieurs circonscriptions. Cependant si la vacance se produit au cours de la dernière session ordinaire de la Législature ou après la Session, il n'y aura pas lieu à l'élection partielle ». Cela étant, les logomachies médiatiques des indigénistes folkloristes se révèlent nulles et non avenues, attendu qu'il n'est ni importation ni invention et que la *Constitution de 1987* amendée n'a procédé qu'à des emprunts chez ses prédécesseurs. Tel met fin à l'analyse de la section D du chapitre II du titre V s'occupant de l'exercice du pouvoir législatif. Place au point E.

v. Section E : Des incompatibilités

Cette section couvre deux articles. *Grosso modo*, toutes les dispositions qui s'y retrouvent pourraient intégrer les réquisits pour devenir député ou sénateur, attendu que parallèlement à ces derniers, celles-là traitent des empêchements pour lesquels l'on peut être frappé d'inéligibilité parlementaire. Aussi l'article 245 *codé article 131* dispose-t-il que « ne peuvent être élus membres du Corps législatif : les concessionnaires ou cocontractants de l'État pour l'exploitation des services publics ; les représentants ou mandataires des concessionnaires ou cocontractants de l'État, compagnies ou sociétés concessionnaires ou cocontractants de l'État ; les délégués, vice-délégués, les juges, les officiers du Ministère public dont les fonctions n'ont cessé six (6) mois avant la date fixée pour les élections ; toute personne se trouvant dans les autres cas d'inéligibilité prévus par la présente Constitution et par la Loi » et que l'article 246 *codé article 132* prescrit que « les membres du Pouvoir exécutif et les directeurs généraux de l'Administration publique ne peuvent être élus membre du Corps législatif s'ils ne démissionnent un (1) an au moins avant la date des élections ».

La *Constitution de 1987* amendée hérite les dispositions de ces articles de ces quatre prédécesseurs dans la lignée directe allant de la *Constitution de 1957* à celle de 1983. Plus substantiellement, l'on retrouva l'article 53 de la *Constitution de 1957*, l'article 54 respectivement de celle de 1964 et de celle de 1971 et enfin l'article 69 de la *Constitution de 1983* qu'il incombe de reprendre, attendu qu'il accuse un développement plus étendu. Ledit article dispose que sont frappés d'inéligibilité en qualité de membres de la Chambre législative « les concessionnaires ou cocontractants de l'État pour les services publics ; les représentants ou mandataires des individus, compagnies ou sociétés concessionnaires ou cocontractantes de l'État ; les militaires en activité de service et avant l'échéance de deux (2) ans après la cessation de leur fonction par démission, destitution ou toutes autres manières ; les préfets, les juges, les officiers du ministère public pendant les deux (2) mois qui suivent leur cessation de service par démission, destitution ou toutes autres manières ; toutes personnes se trouvant dans les autres cas prévus par la présente Constitution ».

Cela dit, la *Constitution de 1987* amendée sous étude ne fait qu'adapter ces dispositions héritées de ces prédécesseurs à la guise de sa propre contingence, elle ne les a donc ni importées ni inventées et le cas échéant, elle fait arpenter les landes tous les préjugés médiatiques que les indigénistes folkloristes veulent imposer à propos. Ce qui met également fin à l'analyse du chapitre II. Je passe au chapitre III de ce titre V.

d. Chapitre III : Du Pouvoir exécutif

Ce chapitre s'étend sur cinq sections et compte 52 articles à son actif. Les cinq sections se déclinent comme suit : *du président de la République, des attributions du président de la République, du Gouvernement, des attributions du Premier ministre, des ministres et des secrétaires d'État*. L'article 247 *codé article 133* introduit ce chapitre assez long en conférant le mode d'exercice de ce Pouvoir en consacrant que « le Pouvoir exécutif est exercé par : a. le président de la République, Chef de l'État ; b. le gouvernement ayant à sa tête un Premier ministre ». Cela étant, il s'ensuit que la bicéphalité du Pouvoir exécutif constitue l'une des sources servant de base aux préjugés médiatiques des indigénistes folkloristes. Ce qui fait rappeler la thèse selon laquelle les préjugés indigénistes s'extériorisant au travers du folklorisme médiatique sous-tend le bonapartisme où seul importe le Pouvoir exécutif et par ailleurs le seul Chef de l'État en tant que concrétion de la figure bonapartiste et le cas échéant la consécration de l'autocratisme que présuppose le dirigisme d'État.

Ce faisant, les indigénistes folkloristes s'en foutent pas mal que la *Constitution de 1987* amendée sous étude, hérite le gros de ses dispositions des constitutions antérieures, tant qu'il ne s'agit pas des dispositions renvoyant au Pouvoir exécutif. *Mutatis mutandis*, ils s'estimeraient légitimes de faire prévaloir leurs préjugés médiatiques autour d'une prétendue invention ou d'une prétendue importation des dispositions en se focalisant sur le seul mode d'exercice du Pouvoir exécutif, en ce compris notamment la modalité d'élection du Président de la République et de celle du choix du Premier ministre.

Importation d'un ailleurs imprécis, d'un Autre illégitime et impur ou invention de la *Constitution de 1987* amendée, les deux marqueurs semblent faire leur affaire, c'est pourtant la *Constitution de 1983* dans son amendement du 6 juin 1985 qui consacra la bicéphalité du Pouvoir exécutif. Aussi convient-il de reprendre les trois derniers alinéas de l'article 101 de la *Constitution de 1983* amendée qui disposa : « Le Pouvoir exécutif est constitué par deux organes : le Président de la République et le Gouvernement. Le Président de la République est l'organe principal du Pouvoir exécutif et détient à ce titre l'autorité suprême de l'État. Le Gouvernement est l'organe chargé d'élaborer et d'exécuter la politique nationale sous la direction du Chef de l'État. » Cela étant, la *Constitution de 1987* amendée ne fait que traduire les vœux de son prédécesseur direct. Ce qui, le cas échéant, va invalidant les logomachies médiatiques des indigénistes folkloristes. Je passe à la section A.

i. Section A : Du président de la République

Cette section s'étend sur un espace de huit articles dont les dispositions s'intéressent au mode d'élection, au mandat présidentiel, aux conditions pour devenir président et au serment constitutionnel du président de la République. D'emblée, l'on retrouve l'article 248 *codé article 134* qui établit que « le président de la République est élu au suffrage universel direct à la majorité absolue des votants, établie à partir des votes valides conformément à la loi électorale. Si cette majorité n'est pas obtenue au premier tour, il est procédé à un second tour. Seuls peuvent s'y présenter les deux (2) candidats qui, le cas échéant, après retrait de candidats plus favorisés, se trouvent avoir recueilli le plus grand nombre de voix au premier tour ».

L'archéologie révèlera que la *Constitution de 1987* amendée hérite les présentes dispositions de sources diverses. *Primo*, il s'agit du suffrage universel direct. Les dispositions y relatives, la *Constitution de 1987* amendée les hérite en tout premier lieu de la *Constitution de 1950.* En effet, la *Constitution de 1950* introduisit le suffrage universel direct pour élire le Président de la République, quoique la *Constitution de 1935* en jetât déjà les premières bases. Aussi la *Constitution de 1950* prescrivit-elle en son article 88 que « le Président de la République est élu au scrutin secret, aux suffrages directs, et à la majorité relative des voix exprimées par les électeurs de toutes les communes de la République ». Ces dispositions, mises à part de légères reformulations, restèrent les mêmes dans la *Constitution de 1957*. Ce fut la majorité relative qui fut en vigueur et le cas échéant un scrutin à un tour unique. L'héritage se limite donc au seul suffrage universel direct, la majorité absolue ne fut pas de rigueur.

Secundo, il est question de la majorité absolue d'un côté, si bien que les constitutions qui exigèrent la majorité qualifiée de deux tiers disposèrent également de la majorité absolue à l'éventuel quatrième tour, puis la possibilité de deux ou de plusieurs tours de scrutin de l'autre. Les constitutions en question disposèrent toujours de scrutins de second degré, à réaliser tantôt par les Assemblées électorales avec le soutien de l'Assemblée nationale (cf. *Constitution de 1843*), tantôt par le Sénat, tantôt par l'Assemblée nationale.

En premier lieu, l'on retrouve la *Constitution de 1843* qui dans les dispositions de son article 104 donna le ton. Elle prévit la majorité absolue avec la possibilité d'un quatrième tour électoral formel et éventuellement un tour de hasard, car « en cas d'égalité de suffrages entre les deux candidats, le sort décide de l'élection », prescrivit le neuvième alinéa dudit article 104. L'organisation du scrutin fut tout aussi complexe comme en disposa le même article 104. Il fut réalisé par les Assemblées électorales et l'Assemblée nationale fut chargée de proclamer les résultats en séance publique, mais si la majorité absolue n'était pas obtenue, il revenait à l'Assemblée nationale de réaliser toute seule tous les autres tours éventuels, tour de hasard compris.

La *Constitution de 1846* dans les dispositions de son article 105 confia les prérogatives d'organisation du scrutin au Sénat et disposa de la seule majorité qualifiée de deux tiers. La *Constitution de 1867* quant à elle consacra dans les dispositions de son article 105 la majorité qualifiée de deux tiers avec également une probabilité de quatre tours de scrutin formel, soit respectivement la majorité qualifié de deux tiers pour les trois éventuels premiers tours, la majorité absolue au quatrième tour et le hasard du sort « en cas d'égalité de suffrages entre les deux candidats ». Il revint à l'Assemblée nationale de réaliser le scrutin. La *Constitution de 1874* tout en confiant la réalisation des élections au Sénat de la République reprit, *forma et substantia*, en son article 100, les dispositions de son prédécesseur de 1867.

De la *Constitution de 1879* à la *Constitution de 1946*, il revenait à l'Assemblée nationale d'exercer les prérogatives d'organisation de l'élection du Président de la République et toutes ces constitutions disposèrent de quatre tours électoraux formels et un cinquième tour pour le hasard, à l'exception de la *Constitution de 1935* qui infléchit les modalités. Aussi retrouve-t-on la *Constitution de 1879* en son article 102, celle de 1888 en son article 28 et celle de 1889 en son article 91 qui reprirent, *forma et substantia*, les dispositions de la *Constitution de 1867*. Quant à elles, la *Constitution de 1918* en son article 44, celle de 1932 également en son article 44 et celle de 1946 en son article 49 établirent la majorité absolue avec également une modification des modalités à l'éventuel quatrième tour électoral formel où ces constitutions consacrèrent la majorité relative. En revanche, la *Constitution de 1935* prescrivit une mixture combinant des prérogatives de l'Assemblée nationale avec un embryon du suffrage universel direct. L'Assemblée nationale dut choisir trois candidats parmi les aspirants au poste présidentiel d'une part, tandis que les assemblées électorales primaires durent, *in fine*, élire au suffrage universel direct à la majorité relative l'un des trois postulants présidentiels en question.

La *Constitution de 1987* amendée sous étude n'a donc ni inventé ni importé les dispositions en question contrairement à ce que font prévaloir les indigénistes folkloristes. Toutefois, en dehors de la majorité absolue au premier tour, elle dispose d'une seconde condition pour éviter un second tour, donc pour être élu au premier tour, comme il en fut dans le cas des députés ou des sénateurs. Il s'agit de ce que j'appelle la *majorité par supériorité d'intervalle arithmétique* conformément à la théorie mathématique des intervalles et qui se situe entre 25% et 50%+1. Aussi l'article 249 *codé article 134 bis* dispose-t-il que : « À l'occasion des élections, le candidat à la présidence le plus favorisé au premier tour n'ayant pas obtenu la majorité absolue est déclaré vainqueur dans le cas où son avance par rapport à son poursuivant immédiat est égale ou supérieure à vingt-cinq pour cent (25%). »

L'article 250 codé article 134-1 établit le mandat du Président de la République en disposant que « la durée du mandat présidentiel est de cinq (5) ans. Cette période commence et se termine le 7 février, suivant la date des élections ». Ces dispositions firent l'objet de toutes les constitutions antérieures qui consacrèrent la présidence avec les présupposés d'une tablature républicaine et le cas échéant qui ne soient pas bonapartistes. Je parle de constitution républicaine lorsque le mot république ne se trouve pas utilisé tout en étant dépouillé de tout sens, *id est* le Président qui se dit de la République doit avoir un mandat qui prévoit une limitation dans le temps. Dans le cas contraire, il s'agit d'une *constitution bonapartiste* : le mot république y est dépourvu de tout sens. Il y va de la date du début du mandat qui à la longue finit par se faire passer toute seule pour une institution en revêtant une certaine valeur symbolique. Pour faciliter la lecture, j'aborde dans un premier temps la question du mandat, puis celle de la date prévue d'une constitution à l'autre. La première présuppose logiquement la seconde.

Dès lors, il est évident que la *Constitution impériale de 1805*, la *Constitution royale de 1811* et la *Constitution impériale de 1849* ne consacrèrent pas de mandat pour le Chef du Pouvoir exécutif, mais l'histoire révèle que d'autres constitutions en firent leurs modèles. Aussi retrouve-t-on la *Constitution de 1807* dans son article 8, la *Constitution de 1816* dans son article 142, la *Constitution de* 1846 dans son article 117, ainsi que la version amendée de 1859, donc toutes versions confondues, puis la *Constitution de 1964* au 14ème alinéa de son article 197, celle de 1971 au 14ème alinéa de son article 99 et celle de 1983 en son article 106. Ce sont de telles constitutions que je qualifie de *constitutions bonapartistes* ; elles ont une façade républicaine, tout en étant, *foro interno*, autoritariste voire autocratique. Ce faisant, elles occultent ce qu'elles sont à proprement parler. Elles ne sont donc pas à confondre avec les constitutions impériales et les constitutions royales, lesquelles sont censées préciser explicitement ce qu'elles sont.

Par ailleurs, les autres constitutions ancêtres de la *Constitution de 1987* amendée sous étude disposèrent explicitement d'un mandat pour le Président de la République. Quatre ans. Cinq ans. Six ans. Sept ans. Huit ans. L'une ou l'autre durée ont déjà été question de mandat du Président de la République. Ainsi disposèrent d'un mandat de quatre ans la *Constitution de 1806* – qui elle créa l'institution de la présidence – en son article 105, celle de 1843 en son article 103, celle de 1867 en son article 104 et celle de 1918 (version première) en son article 72. Pour sa part, la *Constitution de 1874* y prescrivit un mandat de huit ans dans les dispositions de son article 112.

Quant à elles, la *Constitution de 1879* en son article 101, celle de 1888 en son article 26, celle de 1889 en son article 90 et la *Constitution de 1935* amendée dans le premier alinéa de l'article unique de sa *disposition spéciale* y consacrèrent un mandat de sept ans. De leurs tréfonds, la *Constitution de 1918* amendée en son article 72, celle de 1932 en son article 76, celle de 1946 en son article 81, celle de 1950 en son article 77 et celle de 1957 en son article 87 y établirent un mandat de six ans, tandis que la *Constitution de 1935* (version première) en son article 34 disposa d'un mandat de cinq ans. Cela dit, la *Constitution de 1987* amendée emprunte sa disposition sur la durée du mandat de la *Constitution de 1935*. Il n'est guère d'invention ni d'importation comme le prétendent les indigénistes folkloristes.

Pour ce qui renvoie à la date d'entrée en fonction du Président de la République, il appert que les constitutions consacrant des régimes à vie et le cas échéant ne disposant pas de mandat ne sont pas concernées dans la séquence expresse. Dès lors, toute la question table sur les constitutions proprement républicaines. En effet, la *Constitution de 1843* indiqua la note tonique en prévoyant en son article 103 la date du 15 mai. Et cette date du 15 mai est celle que consacrèrent la *Constitution de 1867* en son article 104, celle de 1879 en son article 101, celle de 1889 en son article 90, celle de 1918, toutes les deux versions confondues, en son article 72, celle de 1932 en son article 76, celle de 1935 amendée dans le deuxième alinéa de l'article unique de sa *disposition spéciale*, celle de 1946 en son article 81, celle de 1950 en son article 77 et celle de 1957 en son article 87.

Par conséquent, il ne serait pas incongru de soutenir la thèse selon laquelle la *Constitution de 1874*, celle de 1888 et celle de 1935 (version première), constitutions républicaines qui ne consacrèrent pas de date d'entrée en fonction pour le Président de la République, auraient tout simplement présupposé la date du 15 mai comme allant de soi. 7 février n'est donc qu'un transfert du 15 mai, mais *a fortiori* tout en consacrant le 7 février, Haïti recourt déjà deux fois à la date du 14 mai (14 mai 2006 et 14 mai 2011). *In fine*, si tant est que considérer la date comme étant une importation soit pure trivialité, il en serait de même d'y voir une invention.

De ces articles doublement susmentionnés, la plupart pourront refaire surface dans des dispositions des deux autres articles qui suivent. Soit respectivement l'article 251 *codé article 134-2* qui prévoit que « l'élection présidentielle a lieu le dernier dimanche d'octobre de la cinquième année du mandat présidentiel. Le président élu entre en fonction le 7 février suivant la date de son élection. Au cas où le scrutin ne peut avoir lieu avant le 7 février, le président élu entre en fonction immédiatement après la validation du scrutin et son mandat est censé avoir commencé le 7 février de l'année de l'élection ». Les principes régissant ces dispositions et la substance les sous-tendant proviennent de la *Constitution de 1843* et le cas échéant la différence est dans les dates exactes.

Il appert que l'équivalent du 7 février dans la *Constitution de 1987* amendée sous étude fut le 15 mai dans les constitutions républicaines allant de celle de 1843 à celle de 1957. La *Constitution de 1843* dans les vœux de son article 167 disposa de la date du 15 février pour le début d'un processus fort complexe. Dans les cas où il revint à l'Assemblée nationale d'élire le Président de la République et dans le cas de la *Constitution de 1874* qui en consacra les prérogatives au seul Sénat, le premier lundi d'avril fut retenu à cette fin, tandis que la *Constitution de 1946*, elle, disposa du second lundi d'avril. La *Constitution de 1935*, quant à elle, revint à la date du 15 février pour son système électoral aussi complexe que celui de la *Constitution de 1843*. La *Constitution de 1950* disposa de la date du 15 janvier, tandis que la *Constitution de 1957* prévit le deuxième dimanche de février.

Pour ce qui concerne la disposition portant sur l'exception du processus devant aboutir à l'élection du Président de la République, elle remonte à la *Constitution de 1843* qui au premier alinéa de son article 107 prescrivit de manière fort tranchante qu'« en cas de mort, démission ou déchéance du Président, celui qui le remplace est nommé pour quatre ans, et ses fonctions cessent toujours le 15 mai, alors même que la quatrième année de son exercice ne serait point révolue ». Toutes les autres constitutions républicaines reprennent cette disposition, même de manière moins systématique, comme dans le cas de la *Constitution de 1987* amendée préoccupant la présente archéologie. Autant dire qu'il n'est ni invention ni importation comme le prétendent les indigénistes au travers de leur folklorisme médiatique.

Conséquemment au second alinéa de l'article 251 *codé article 134-2*, l'on retrouve le premier alinéa de l'article 252 *codé article 134-3* qui établit que « le président de la République ne peut bénéficier de prolongation de mandat ». Ce qui n'est qu'une simple logique. Si seul ne compte le temps qui reste à combler, alors l'idée même de prolongation de mandat perd son sens et le cas échéant elle n'est mentionnée que pour conjurer d'éventuelles mésinterprétations chez les citoyens ou surtout les politiciens *lambda* (λ) et les *stars* médiatiques. Quant au second alinéa, il dispose que le Président de la République « ne peut assumer un nouveau mandat, qu'après un intervalle de cinq (5) ans. En aucun cas, il ne peut briguer un troisième mandat ». La question requiert sédimentation à travers les constitutions républicaines, pas pour la valeur arithmétique de l'intervalle, mais pour son principe. Lequel principe définit que le Président de la République n'est directement rééligible et le cas échéant ne peut pas se porter candidat au scrutin qu'il est censé organiser, attendu qu'en sa qualité de Chef de l'État, il est le Chef de toutes les institutions, y compris celle appelée à réaliser le scrutin en question. L'intervalle prescrit équivaut toujours à la durée du mandat présidentiel dont dispose la constitution en question.

D'emblée, l'on retrouve la *Constitution de 1843* qui donna le *la* en ordonnant en son article 106 que « nul ne peut être réélu Président qu'après un intervalle de quatre ans ». Il y va de la *Constitution de 1967* dans les dispositions de son article 107. La *Constitution de 1874* ne prit pas la tangente. Elle disposa en son article 113 que «

nul ne peut être réélu Président qu'après un intervalle de huit ans ». La *Constitution de 1879* en fit de même pour un intervalle de sept ans dans les dispositions de son article 101, quoique l'amendement du 7 octobre 1885 abrogea la disposition y relative. La *Constitution de 1888* garda le même intervalle de sept ans selon les dispositions du second alinéa de son article 26. Il en alla de la *Constitution de 1889* dans l'une des dispositions de son article 90. La *Constitution de 1918* dans sa version première passa outre ce principe, mais sa version amendée de 1928, le cas échéant, la *Constitution de 1918* amendée ne s'y déroba pas et *a fortiori*, c'est d'ailleurs d'elle que la *Constitution de 1987* amendée sous étude hérite toutes les dispositions en question, à savoir la non-rééligibilité immédiate et l'impossibilité systématique d'aspirer à un troisième mandat.

Cela étant, il convient de reprendre les premier et troisième alinéas de son article 72 qui prescrivit que « le Président de la République est élu pour six ans ; il n'est pas immédiatement rééligible [...] Le citoyen qui a rempli les fonctions de Président n'est rééligible qu'après un intervalle de six ans après l'expiration de son premier mandat. Et si, deux fois, il a été élu Président et a exercé son mandat, il ne sera plus éligible à cette fonction ». Dès lors, cela ne vaut plus la peine d'approfondir les sédimentations, la *Constitution de 1987* amendée sous étude n'a fait que reprendre des dispositions qu'elle hérite de ses ancêtres et le cas échéant les préjugés médiatiques des indigénistes folkloristes tombent dans les eaux fluviales du Styx.

L'article 253 *codé article 135* prescrit les réquisits pour devenir Président de la République en disposant qu'il faut « être Haïtien d'origine et n'avoir jamais renoncé à sa nationalité haïtienne et ne détenir aucune autre nationalité au moment de l'inscription ; être âgé de trente-cinq (35) ans accomplis au jour des élections ; jouir de ses droits civils et politiques et n'avoir jamais été condamné à une peine afflictive et infamante pour crime de droit commun ; être propriétaire en Haïti d'un immeuble au moins et avoir dans le pays une résidence habituelle ; résider dans le pays depuis cinq (5) années consécutives avant la date des élections ; avoir reçu décharge de sa gestion si on a été comptable de deniers publics ».

Les dispositions requièrent sédimentation en vue de retracer les constitutions desquelles la *Constitution de 1987* amendée hérite les présentes dispositions. *Prima facie*, la *Constitution de 1806* qui créa l'institution de la Présidence prescrivit en son article 110 que « pour être élu Président il faut avoir atteint l'âge de 35 ans ». Il en alla de la *Constitution de 1816*. La *Constitution de 1846* commença à élargir les réquisits dans les dispositions de son article 118 en prévoyant que « pour être élu Président d'Haïti, il faut : (1re) être né en Haïti ; (2ème) Avoir atteint l'âge de trente-cinq (35 ans) ; (3ème) être propriétaire d'immeuble[47] en Haïti ». La *Constitution de 1867* en son article 108 disposa qu'il faut « être né de père haïtien » et reprit respectivement la même disposition de l'âge de 35 ans et celle portant sur la propriété immobilière de son ancêtre de 1846, tout en faisant un ajout.

Dès lors, ces dispositions devinrent « être propriétaire d'immeuble en Haïti et y avoir son domicile ». La *Constitution de 1874* fit passer la modalité de l'âge à 40 ans et garda les autres dispositions de son prédécesseur de 1846 en son article 114. La *Constitution de 1879* en son article 103 prescrivit comme dispositions premières qu'il fallut « être né Haïtien, et n'avoir jamais renoncé à sa

---

[47] Le lecteur avisé s'attend à un pluriel, mais toutes les versions – l'officielle ou les versions dérivées – font usage du singulier. Pourtant, la *Constitution de 1950* qui reprendra cette disposition en son article 78 fera usage du pluriel.

nationalité », puis elle fit l'assomption de la modalité de l'âge de 40 ans de son prédécesseur de 1874 et des mêmes dispositions de son ancêtre de 1867 sur la propriété foncière et le domicile. La *Constitution de 1888* en son article 27 reproduisit les deux premières séries de dispositions de son prédécesseur de 1879, tandis que la *Constitution de 1889* en son article 92 reprit à son compte toutes les trois séries de dispositions de son ancêtre de 1879 (1, 2, 4) et elle en ajouta une quatrième que l'on retrouva en troisième lieu, à savoir « jouir des droits civils et politiques ».

Cela étant, la *Constitution de 1987* amendée sous étude hérite quatre de ses six réquisits en question de l'une ou l'autre constitution du 19ème siècle. Pour ce qui concerne le 20ème siècle, la *Constitution de 1918* se limita à reprendre en son article 73 les trois premières séries de dispositions de son ancêtre de 1889. Pour sa part, la *Constitution de 1932* se limita également à trois réquisits. En son article 77, elle amplifia les premières dispositions de son ancêtre de 1867 par une souche supplémentaire de paternité en prescrivant qu'il faut « être né d'un père qui lui-même est né haïtien, et n'avoir jamais renoncé à sa nationalité ». Elle ajouta à son actif la disposition sur l'âge de 35 ans qui cessa d'être de rigueur depuis la *Constitution de 1874* ; puis, la quatrième série de dispositions de son ancêtre de 1879 renvoyant à la jouissance des droits civils et politiques.

La *Constitution de 1935* en son article 32 reproduisit quatre dispositions qu'elle hérita de ses ancêtres. Elle reprit de son prédécesseur de 1932 ses premières dispositions y relatives. Lesquelles portèrent sur la nationalité de souche, ainsi que sa quatrième série portant sur la jouissance des droits civils et politiques ; la deuxième série renvoyant à la propriété foncière qu'elle hérita de plusieurs de ses ancêtres, tandis qu'elle revint à la disposition de l'âge de 40 ans en vigueur, de la *Constitution de 1874* à celle de 1918. La *Constitution de 1946* en son article 82 reformula les dispositions sur la nationalité en introduisant « être Haïtien d'origine, et n'avoir jamais renoncé à sa nationalité », puis fit l'assomption des mêmes dispositions portant respectivement sur l'âge de 40 ans et sur la jouissance des droits civils et politiques qu'elle hérita de divers prédécesseurs.

Quant à la *Constitution de 1950*, elle consacra en son article 78 les mêmes réquisits jusque-là en question chez ses prédécesseurs. Elle les entérina avec des dispositions complémentaires, à l'exception des dispositions de l'âge de 40 ans qu'elle reprit et de la jouissance des droits civils et politiques. Elle divisa la première série en deux avec modification et devint « (1re) être Haïtien, né d'un père qui lui-même est né Haïtien, ou à défaut de reconnaissance paternelle, d'une mère, née également Haïtienne ; (2ème) n'avoir jamais renoncé à sa nationalité haïtienne », puis reformula la dernière série pour devenir « être propriétaire d'immeubles en Haïti et avoir dans le pays une résidence habituelle ». De son côté, la *Constitution de 1957* en son article 88 revint, *forma et substantia*, aux premières dispositions sur la nationalité que consacra la *Constitution de 1946*. Elle reprit en l'état celles portant sur l'âge de 40 ans et sur la jouissance des droits civils et politiques, puis ajouta « avoir son domicile dans le pays » et « avoir reçu décharge de sa gestion, quand on a été comptable de deniers publics ».

Mutatis mutandis, il appert de surligner que seul le réquisit renvoyant à la résidence de cinq années consécutives dans le pays avant la date des élections n'est pas un héritage explicite des constitutions antérieures. Par ailleurs, pour ce qui concerne les cinq autres réquisits, mises à part les reformulations spécifiques à telle ou telle constitution, ils sont des emprunts. Aussi les premières dispositions remontent-elles archéologiquement à la *Constitution de 1867*, celle de 1946 ou celle de 1957 ; les dispositions sur l'âge de 35 ans à la *Constitution de 1806*, celle de 1846, celle de 1867 ou celle de 1932 ; celles portant sur la jouissance des droits civils et politiques à compter de la *Constitution de 1889* ; les dispositions sur la propriété foncière et le domicile remontent à la *Constitution de 1846*, celle de 1867, celle de 1874, celle de 1879, celle de 1889, celle de 1935 et celle de 1950 ; tandis que celles portant sur la décharge est explicitement un héritage de la *Constitution de 1957*. Autant pour porter les préjugés médiatiques des indigénistes folkloristes à arpenter les landes du tréfonds du Styx, attendu qu'il ne convient guère de parler d'invention encore moins d'importation, mais reformulation et amplification.

L'article 254 *codé article 135-1* dispose qu'« avant d'entrer en fonction, le Président de la République prête devant l'Assemblée nationale, le serment suivant : "Je jure, devant Dieu et devant la Nation, d'observer et de faire observer fidèlement la Constitution et les Lois de la République, de respecter et de faire respecter les droits du peuple haïtien, de travailler à la grandeur de la Patrie, de maintenir l'Indépendance nationale et l'intégrité du territoire" ». Les dispositions sur la prestation de serment et sur le texte y relatif remontent explicitement à la *Constitution de 1806* selon les vœux de son article 107. Dit autrement, la question du serment constitutionnel du Président de la République date de l'existence de l'institution de la Présidence elle-même. Et par la suite, à l'exception de la *Constitution de 1807* et de la *Constitution royale de 1811*, il n'est pas de constitution haïtienne qui n'y consacre pas explicitement des dispositions. Quant au texte du serment, les sédimentations révèlent que celui de la *Constitution de*

1806 fut modifié par la *Constitution de 1816* et ce dernier fut à son tour modifié par la *Constitution de 1843*. La *Constitution de 1846* reprit celui de la *Constitution de 1816*, tandis que la *Constitution impériale de 1849* le reproduisit en l'adaptant avec une terminologie impériale.

La *Constitution de 1867* alla disposer d'un texte qui aura été repris par ses successeurs, allant de la *Constitution de 1874* à celle de 1950, à l'exception de la *Constitution de 1935* qui le modifia. Lequel texte servant de tablature à celui de la *Constitution de 1987* amendée sous étude se trouva inscrit dans les dispositions du second alinéa de l'article 110 qu'il incombe de reprendre : « [...] Je jure devant Dieu et devant la Nation, d'observer et de faire observer fidèlement la Constitution et les lois du peuple haïtien, de respecter ses droits, de maintenir l'indépendance nationale et l'intégrité du territoire. » La *Constitution de 1957* modifia à nouveau le présent texte, mais la *Constitution de 1987* amendée préoccupant la présente archéologie hérite le sien plus explicitement de la *Constitution de 1964* et que la *Constitution de 1971* et celle de 1983 reprirent en l'état.

Le second alinéa de l'article 92[48] de la *Constitution de 1964* disposa du texte suivant : « Je jure devant Dieu et devant la Nation, d'observer et de faire observer fidèlement la Constitution et les lois de la République, de respecter les droits du peuple haïtien, de travailler à sa prospérité et à sa grandeur, de maintenir l'indépendance nationale et l'intégrité du territoire. » Cela étant, il s'ensuit que la *Constitution de 1987* amendée en question n'a ni importé, ni inventé les dispositions relatives au serment constitutionnel du Président de la République et le cas échéant les préjugés médiatiques des indigénistes

---

[48] Le recueil utilisé *Deux siècles de Constitutions Haïtiennes 1801-1987* l'a repris avec quelques erreurs. J'ai dû corriger en reprenant à mon compte.

folkloristes tombent de leur plus belle chute au beau milieu de la grande cour ovale de Hadès. Je passe aux sections B, C, D, E pour lesquelles il n'y aurait pas de sédimentation détaillée d'article en article.

En effet, la séquence couvrant les sections B, C, D, E occupe un espace de 44 articles et portant respectivement sur les *attributions du président de la République* (B), sur le *Gouvernement* (C), sur les *attributions du Premier Ministre* (D), sur les *ministres et les secrétaires d'État* (E). Si tant est que tous les articles aient leur raison d'être, il appert que l'organisation de la séquence pose nécessairement problème. L'analyste ne peut que s'y embrouiller, parce que certains articles ne devraient pas s'y retrouver. Néanmoins, telle n'est pas la raison pour laquelle n'est pas requise la sédimentation détaillée allant d'un article à l'autre, mais plutôt du fait que les attributions du Président de la République demeurent toujours les mêmes, conformément à la lettre et à l'esprit de la constitution à chaque fois en question. Par ailleurs, quoique la bicéphalité du Pouvoir exécutif ne soit pas une création de la *Constitution de 1987* (version première et version amendée confondues), l'exercice à proprement parler ne se sait effectif que sous son égide.

Dès lors, il n'est requis sédimentation ni pour les sections C et D qui en traitent ni pour la section E qui en dérive, quoique l'analyse comparative puisse s'avérer congruente au regard des Ministères et des Secrétaireries d'État d'antan, mais il vaut mieux ne pas y recourir une fois que l'architectonique est mise de côté. Encore faut-il surligner que la *Constitution de 1987* en question ne décline pas les différents ministères et secrétaireries d'État comme le firent la plupart de ses prédécesseurs, ce qui ne va nullement dans le sens d'une analyse comparative. L'effectivité de l'exercice de la bicéphalité exécutive étant justement une nouveauté, si ce n'est pas la seule nouveauté substantielle de la constitution sous étude. Ce qui pèse lourd sur le plateau de la balance de l'exercice du pouvoir de l'État en Haïti, mais cela ne saurait nullement justifier les préjugés médiatiques des indigénistes folkloristes. Place faite au chapitre IV portant sur le Pouvoir judiciaire.

e. Chapitre IV : Du Pouvoir judiciaire

Ce chapitre forme un seul bloc pour un total de 20 articles. D'emblée, l'on retrouve l'article 299 *codé article 173* qui confère que « le Pouvoir judiciaire est exercé par la Cour de Cassation, les Cours d'appel, les Tribunaux de première instance, les Tribunaux de paix et les Tribunaux spéciaux dont le nombre, la composition, l'organisation, le fonctionnement et la juridiction sont fixés par la Loi ». La question du Pouvoir judiciaire étant d'une importance *princeps* en tant que l'un des trois pouvoirs de l'État, elle requiert sédimentation de telle sorte que l'on fasse ressortir où la *Constitution de 1987* amendée sous étude emprunte ses dispositions, si tant est que chaque constitution se doive d'aborder cette question sous telle ou telle forme.

La *Constitution impériale de 1805*, si tant est qu'elle disposât des institutions judiciaires, ne conféra pas un Pouvoir judiciaire à proprement parler, attendu que tout dépendit du sort et du ressort de l'Empereur. À l'instar des six divisions militaires que prescrit l'article 15 de ladite constitution, son article 47 prévit six tribunaux de ressort et l'article 21 de ses *Dispositions générales* six tribunaux de commerce, tandis que son article 46 prescrivit un tribunal de paix dans chaque commune et que l'article 48 consacra la création d'un conseil spécial aux ressorts et aux *quanta* martiaux. Auxquels tribunaux s'ajouta le ministère public ou la magistrature debout. Cependant, pour mieux s'y faire une idée, il appert de reprendre l'article 30 qui disposa : « L'Empereur fait, scelle et promulgue les lois, nomme et révoque, à sa volonté, les ministres, le général en chef de l'armée, les conseillers d'État, les généraux de l'armée de terre et de mer, les membres des administrations locales, les commissaires du gouvernement près les tribunaux, les juges et autres fonctionnaires publics. »

Ce fut la *Constitution de 1806* qui consacra le Pouvoir judiciaire à proprement parler et ce, en son titre VIII couvrant l'espace des articles 126 à 160 inclus. Le sort du Pouvoir judiciaire dépendait largement du Sénat, à l'exception de la magistrature debout où il fut du ressort du Président de la République de procéder à la nomination des commissaires et de leurs substituts. La séquence se limita à parler de la justice civile, de la justice criminelle, tout en accordant les dispositions de l'article 160 à une éventuelle justice martiale. La *Constitution de 1807* fit l'assomption de l'appareil justicier de la *Constitution impériale de 1805*, quitte à reprendre l'article 29 qui prévit que « la manière de procéder, tant en matière civile que criminelle, sera réglée par un code particulier ».

La *Constitution de 1816*, si tant est qu'elle suivît la voie que lui traça son ancêtre de 1806 dans la forme, tel n'est pas le cas dans le fond. En témoignèrent d'une part l'article 168 qui prévit qu'« il sera créé un grand juge chargé de l'administration de la justice, et dont les attributions seront établies par la loi » et l'article 200 qui disposa qu'« il sera établi un tribunal de cassation pour toute la République, dont le mode d'organisation et les attributions seront fixés par la loi ». Néanmoins, tout le problème consiste à savoir si ledit grand juge serait le président (ou peu importe la dénomination) de la Cour de cassation si tant est que la loi ne doive pas être de l'ordre de la conjecture comme dans la rhétorique, mais au contraire, doive disposer de manière la plus explicite possible. Ce qui force à approfondir davantage la sédimentation, quitte à souligner que l'histoire d'Haïti nous apprend que l'érection de la Cour de cassation date de 1817, plus précisément en la date du 23 octobre 1817.

En effet, ce fut la *Constitution de 1843* qui disposa pleinement de la tablature du Pouvoir judiciaire dans l'histoire des constitutions haïtiennes. C'est d'elle que les constitutions subséquentes, en ce compris la *Constitution de 1987* amendée sous étude hérite leurs dispositions, *nonobstant* les formulations et surtout l'organisation séquentielle des articles. Aussi pour retrouver les dispositions de l'article 299 *codé article 173* de la *Constitution de 1987* amendée convient-il de se référer respectivement aux articles 144, 147, 155 et 156. L'article 144 établit le Tribunal de cassation ; l'article 147 disposa de l'existence des tribunaux de paix, des tribunaux de première instance et des tribunaux d'appel ; tandis que les articles 155 et 156 établirent les tribunaux spéciaux dont respectivement les tribunaux de commerce et les tribunaux militaires. D'où la *Constitution de 1843* servira de pierre milliaire pour la suite de la sédimentation de ce chapitre unititre, attendu qu'elle joua le rôle de tablature pour tous ses successeurs.

Quant à l'article 300 *codé article 173-1*, il prescrit que « les contestations qui ont pour objet les droits civils sont exclusivement du ressort des tribunaux ». Les présentes dispositions sont une reprise littérale de l'article 141 de la *Constitution de 1843*. De son côté, l'article 301 *codé article 173-2* dispose que « nul tribunal, nulle juridiction contentieuse ne peut être établie qu'en vertu de la Loi. Il ne peut être créé de Tribunal extraordinaire sous quelque dénomination que ce soit ». Mises à part de légères modifications, cet article reproduit les dispositions de l'article 143 de la *Constitution de 1843*. Ledit article 143 interdit que « nul tribunal, nulle juridiction contentieuse ne peut être établi qu'en vertu d'une loi. Il ne peut être créé de commissions ni de tribunaux extraordinaires, sous quelque dénomination que ce soit ». Encore convient-il de surligner que la *Constitution de 1843* fut donc davantage plus catégorique dans ses exigences en la matière.

L'article 301 *codé article 174* prévoit que « les Juges de la Cour de cassation et des Cours d'appel sont nommés pour dix (10) ans. Ceux des Tribunaux de première instance le sont pour sept (7) ans. Leur mandat commence à courir à compter de leur prestation de serment ». La *Constitution de 1843* disposa d'un mandat de neuf ans pour tous ces tribunaux. Par la suite, les autres constitutions n'évoquèrent pas la question de mandat et il aura fallu attendre la *Constitution de 1918* amendée pour ravoir droit de cité. Et c'est d'elle que la *Constitution de 1987* amendée hérite partiellement ses dispositions sur le mandat. Aussi la *Constitution de 1918* amendée au troisième alinéa de son article 89 ordonna que « les Juges du Tribunal de Cassation sont nommés pour dix ans, et ceux des Tribunaux autres que les Juges de Paix sont nommés pour sept ans ».

Néanmoins, je tiens à souligner que l'héritage reste partiel attendu qu'elle prévit un mandat de sept ans pour les Juges de la Cour d'appel, tandis que la *Constitution de 1987* amendée en dispose de dix ans. La *Constitution de 1932* établit indistinctement un mandat de dix ans pour tous ces tribunaux, selon les vœux du troisième alinéa de son article 96. Ce fut la *Constitution de 1935* qui légua un héritage complet à la *Constitution de 1987* amendée sous étude. Celle-là disposa au second alinéa de son article 43 un mandat de dix ans pour le Tribunal de cassation et un mandat de sept ans pour les autres tribunaux en question. Sans qu'il soit besoin d'approfondir l'archéologie, l'on soulignera que la *Constitution de 1987* amendée n'a ni inventé ni importé ses dispositions comme le prétendraient les indigénistes folkloristes dans leurs préjugés médiatiques.

L'article 303 *codé article 175* consacre que « les Juges de la Cour de cassation sont nommés par le Président de la République sur une liste de trois (3) personnes par siège soumise par le Sénat. Ceux de la Cour d'appel et des Tribunaux de première instance le sont sur une liste soumise par l'Assemblée départementale concernée ; les juges de paix sur une liste préparée par les assemblées communales ». *Prima facie*, il incombe de procéder à une remarque importante pour préciser que seules s'appliquent jusque-là (janvier 2018) les dispositions concernant la nomination des juges de la Cour de cassation, parce que ni l'assemblée départementale ni l'assemblée communale ne sont encore en exercice depuis l'adoption de la constitution sous étude (les deux versions confondues). Ce qui revient à retenir que le résultat ultime est que le Président de la République nomme les juges de tous ressorts des cours et des tribunaux. Toujours est-il que se pose la question de savoir si lesquelles prérogatives dévolues auxdites assemblées ne devraient pas revenir de droit au Conseil supérieur du Pouvoir judiciaire que confère l'article 318 *codé article 184-2*.

Néanmoins, la *Constitution de 1987* amendée, hérite du moins l'esprit de ces dispositions de la *Constitution de 1843*. En effet, celle-ci dans les dispositions de son article 148 prévit que les juges sont tous des élus et que leur élection se fait respectivement selon le ressort de compétence y relative. Quitte à reprendre l'article 148 qui ordonna que « les juges sont élus, savoir : pour les tribunaux de paix, par les assemblées primaires ; pour les tribunaux de première instance et d'appel, par les assemblées électorales de leur ressort respectif ; pour le tribunal de Cassation, par le Sénat, sur la présentation d'une liste simple de candidats pour chacune des assemblées électorales du ressort des tribunaux d'appel ». Ce faisant, le principe électoral dont disposa la *Constitution de 1843* sert de *punctum Archimedis* à la *Constitution de 1987* amendée pour la préparation des candidatures à soumettre au Président de la République.

A fortiori, selon les vœux de la *Constitution de 1843* dans les dispositions de ses articles 163 à 172, l'assemblée primaire correspond expressément à l'assemblée communale pour la liste de candidats aux tribunaux de paix et l'assemblée électorale renvoyant aux arrondissements à l'assemblée départementale pour les tribunaux de première instance et des Cours d'appel, le Sénat dans le cas de chacune des constitutions pour les juges de la Cour de cassation. La suite de l'archéologie révélera que la *Constitution de 1987* amendée ne puise son héritage que de la *Constitution de 1843*, parce que toutes les autres constitutions qui traitèrent explicitement la question prescrivirent la nomination expresse des juges de tous les ressorts par le Président de la République. Dès lors, contrairement à ce qu'imaginent les indigénistes folkloristes, il n'est ni invention ni importation, mais la mise en valeur d'un héritage.

L'article 305 *codé article 177* dispose que « les Juges de la Cour de cassation, ceux des Cours d'appel et des Tribunaux de première instance sont inamovibles. Ils ne peuvent être destitués que pour forfaiture légalement prononcée ou suspendus qu'à la suite d'une inculpation. Ils ne peuvent être l'objet d'affectation nouvelle, sans leur consentement, même en cas de promotion. Il ne peut être mis fin à leur mandat qu'en cas d'incapacité physique ou mentale permanente dûment constatée ». Les dispositions portant sur l'inamovibilité des juges, la *Constitution de 1987* amendée sous étude les héritent à compter de la

Constitution de 1806 qui en son article 129 ordonna que « les juges ne peuvent être destitués que pour forfaiture légalement jugée, ni suspendus que pour une accusation admise ».

Mais, pour ce qui concerne la formulation en question, elle procède de la *Constitution de 1867* qui en son article 148 prescrivit : « Les juges du tribunal de cassation, ceux des tribunaux civils et d'appel sont inamovibles. Ils ne peuvent passer d'un tribunal à un autre ou à d'autres fonctions, même supérieure, que de leur consentement formel. Ils ne peuvent être destitués que pour forfaiture légalement jugée, ni suspendue que pour une accusation admise. Ils ne peuvent être mis à la retraite que lorsque, par suite d'infirmités graves et permanentes, ils ne se trouvent hors d'état d'exercer leurs fonctions. » Autant dire que les préjugés médiatico-folkloristes ne font qu'arpenter les landes des eaux fluviales du Styx.

L'article 306 *codé article 178* et l'article 307 *codé article 178-1* consacrent l'exercice du fonctionnement de la Cour de cassation. *Primo*, l'article 306 *codé article 178* établit que « la Cour de cassation ne connaît pas du fond des affaires. Néanmoins, en toutes matières autres que celles soumises au Jury lorsque sur un second recours, même sur une exception, une affaire se présentera entre les mêmes parties, la Cour de cassation admettant le pourvoi, ne prononcera point de renvoi et statuera sur le fond, sections réunies ». Les présentes dispositions, la *Constitution de 1987* amendée les hérite explicitement de la *Constitution de 1843*. En témoignent l'article 145 qui conféra que « ce tribunal ne connaît pas du fond des affaires » et l'article 146 qui consacra que « néanmoins, en toutes matières autres que celles soumises au jury, lorsque, sur un second recours, une même affaire se présentera entre les mêmes parties, le tribunal de cassation, en admettant le pourvoi, ne prononcera point de renvoi, et statuera sur le fond, sections réunies ».

Secundo, l'article 307 *codé article 178-1* disposa que « cependant, lorsqu'il s'agit de pourvoi contre les Ordonnances de référé, les ordonnances du Juge d'instruction, les Arrêts d'appel rendus à l'occasion de ces Ordonnances ou contre les sentences en dernier ressort des Tribunaux de paix ou des décisions de Tribunaux spéciaux, la Cour de cassation admettant les recours statue sans renvoi ». La *Constitution de 1987* amendée préoccupant la présente archéologie hérite les premiers sédiments des précédentes dispositions de la *Constitution de 1935*, mais la version complète, elle l'hérite, *forma et substantia*, de la *Constitution de 1946* qui, au second alinéa de son article 104, conféra que « cependant lorsqu'il s'agira de pourvoi contre les ordonnances de référé, les ordonnances du Juge d'Instruction, d'arrêts d'appel rendus à l'occasion de ces ordonnances, des sentences en dernier ressort des Tribunaux de Paix, le Tribunal de Cassation admettant le recours statuera sans renvoi ». Cela dit, il n'est pas question d'une prétendue invention ou importation comme le clameraient les indigénistes au travers de leur folklorisme médiatique, mais plutôt l'assomption d'un héritage.

L'article 308 *codé article 179* ordonne que « les fonctions de Juge sont incompatibles avec toutes autres fonctions salariées, sauf celle de l'enseignement ». Les premiers sédiments des présentes dispositions proviennent de la *Constitution de 1843* dont le premier alinéa de son article 153 conféra que « les fonctions des juges sont incompatibles avec les fonctions salariées de l'État et à la nomination du Président de la République ». Cependant, il n'est pas incongru de souligner qu'à l'époque le mot salaire désignait indistinctement toute forme de compensation et sous ce jour, la *Constitution de 1874* qui, elle, consacra la scolarisation obligatoire fournit une parfaite illustration en disposant au premier alinéa de son article 147 que « les fonctions de juges sont incompatibles avec toutes autres fonctions publiques, excepté celles de représentants et de membres d'une commission de l'instruction publique ». Il aura fallu attendre la *Constitution de 1983* pour en avoir une inflexion et c'est elle qui fournit à la *Constitution de 1987* amendée sous étude les dispositions portant sur l'incompatibilité de fonction. En témoigne son article 137 qui en son premier alinéa prescrivit que « les fonctions de juge sont incompatibles avec toutes autres fonctions publiques rémunérées à l'exception de l'enseignement ». Il n'est donc ni invention ni importation comme le feraient valoir les indigénistes médiatico-folkloristes.

Les deux articles qui suivent traitent des audiences des tribunaux. Il s'agit respectivement de l'article 309 *codé article 180* qui confère que « les audiences des tribunaux sont publiques. Toutefois, elles peuvent être tenues à huis clos dans l'intérêt de l'ordre public et des bonnes mœurs sur décision du tribunal », puis l'article 310 *codé article 180-1* qui ordonne qu'« en matière de délit politique et de délit de presse, le huis clos ne peut être prononcé ». L'héritage de ces dispositions remonte à la *Constitution de 1806* qui consacra en son article 131 la publicité des audiences des tribunaux.

Mais, quant à leur formulation complète, la *Constitution de 1987* amendée l'hérite de la *Constitution de 1843* qui en son article 157 prescrivit : « Les audiences des tribunaux sont publiques, à moins que cette publicité ne soit dangereuse pour l'ordre public et les bonnes mœurs. Dans ce cas, le tribunal le déclare par un jugement. En matière de délits politiques et de presse, le huis clos ne peut être prononcé. » Cela étant, il n'est pas requis d'approfondir davantage la sédimentation. La

Constitution de 1987 amendée sous étude fait l'assomption des dispositions de son prédécesseur de 1843, elle ne les a ni inventées, ni importées comme le prétendraient les indigénistes folkloristes.

Par ailleurs, les deux prochains articles traitent des arrêts ou des jugements. L'on retrouve l'article 311 *codé article 181* qui ordonne que « tout Arrêt ou Jugement est motivé et prononcé en audience publique », tandis que l'article 312 *codé article 181-1* prescrit que « les Arrêts ou Jugements sont rendus et exécutés au nom de la République. Ils portent le mandement exécutoire aux Officiers du Ministère public et aux Agents de la force publique. Les actes des notaires susceptibles d'exécution forcée sont mis dans la même forme ». Les dispositions de ces deux articles proviennent, *forma et substantia*, de la *Constitution de 1843* qui, d'une part, en son article 158 ordonna que « tout arrêt ou jugement est motivé. Il est prononcé en audience publique » et d'autre part, en son article 159 conféra que « les arrêts et jugements sont rendus et exécutés au nom de la République. Ils portent un mandement aux officiers du ministère public et aux agents de la force publique. Les actes des notaires sont mis dans la même forme, lorsqu'il s'agit de leur exécution forcée ». Ce faisant, il n'est donc pas requis de continuer l'archéologie. La *Constitution de 1987* amendée sous étude reprend à son compte un héritage, contrairement à ce que véhiculeraient les indigénistes folkloristes.

Le couple d'articles qui suit traite de la compétence complémentaire de la Cour de cassation où premièrement l'article 313 *codé article 182* consacre que « la Cour de cassation se prononce sur les conflits d'attributions, d'après le mode réglé par la Loi » et secondement l'article 314 *codé article 182-1* confère qu' « elle connaît des faits et du droit dans tous les cas de décisions rendues par les Tribunaux militaires ». Ces dispositions, la *Constitution de*

1987 amendée les hérite explicitement de la *Constitution de 1843*. En effet, celle-ci prescrivit en son article 160 que « le tribunal de Cassation [se] prononce sur les conflits d'attributions, d'après le mode réglé par la loi. Il connaît aussi des jugements des conseils militaires pour cause d'incompétence ». Sans qu'il soit besoin d'approfondir la sédimentation, il est à souligner qu'il n'est guère d'invention ni d'importation comme le clameraient les tintamarres médiatiques des indigénistes folkloristes.

Pour la suite, l'on retrouve l'article 315 *codé article 182-2* qui ordonne que « les tribunaux n'appliquent les Arrêtés et règlements d'administration publique que pour autant qu'ils sont conformes aux Lois ». Il résulte encore une fois un héritage de la *Constitution de 1843* qui en son article 161 disposa que « les tribunaux doivent refuser d'appliquer une loi anticonstitutionnelle. Ils n'appliqueront les arrêts et règlements généraux d'administration publique qu'autant qu'ils seront conformes aux lois ». La *Constitution de 1987* amendée n'a donc pas inventé ou importé de telles dispositions, mais endosse un héritage. L'on terminera cette séquence portant sur le Pouvoir judiciaire en soulignant qu'il existe une instance nouvelle qui émane de l'amendement constitutionnel de 2011. Il s'agit du Conseil supérieur du Pouvoir judiciaire ayant pour attribution d'administrer, de contrôler et de surveiller la magistrature. Je fais place à la Haute Cour de Justice.

f. Chapitre V : De la Haute Cour de Justice

Ce chapitre constitue un bref ensemble de neuf articles. La Haute Cour de Justice est du ressort de ce que l'on désigne par juridiction particulière. Elle est une instance judiciaire hors du Pouvoir judiciaire. Elle est plutôt du ressort du Pouvoir législatif en termes de prérogatives procédurales. La direction des travaux de cette juridiction spéciale et unique est, *ceteris paribus*, une mixture résultant du Pouvoir législatif et du Pouvoir judiciaire. Aussi l'article 319 *codé article 185* dispose-t-il que « le Sénat peut s'ériger en Haute Cour de Justice. Les travaux de cette Cour sont dirigés par le président du Sénat assisté du président et du vice-président de la Cour de cassation comme vice-président et secrétaire, respectivement […] ». L'héritage remonte à la *Constitution de 1806* qui créa tant le Sénat que la Haute Cour de Justice. Par la suite, toute constitution ultérieure qui dispose simultanément du Sénat et de la Haute Cour de Justice confère la possibilité au Sénat de s'ériger en Haute Cour de Justice. Il s'agit de la *Constitution de 1816*, celle de 1918 toutes versions confondues, celle de 1932, celle de 1946, celle de 1950 et celle de 1987 toutes versions confondues.

À la première station de cette *via crucis*, le regard se fixe sur l'article 320 qui confère à la Chambre des députés, moyennant la majorité qualifiée des deux tiers de ses membres, les prérogatives de la mise en accusation de hauts dignitaires de l'État. Il s'agit « du président de la République pour crime de haute trahison ou de tout autre crime ou délit dans l'exercice de ses fonctions ; du Premier ministre, des ministres et des secrétaires d'État pour crime de haute trahison et de malversations ou d'excès de pouvoir ou tous autres crimes ou délits commis dans l'exercice de leurs fonctions ; des membres du Conseil électoral permanent et de la Cour supérieure des Comptes et du Contentieux administratif pour fautes graves commises dans l'exercice de leurs fonctions ; des juges et officiers du Ministère public près la Cour de cassation pour forfaiture ; du Protecteur du citoyen ».

La *Constitution de 1987* amendée hérite les premiers sédiments des précédentes dispositions de la *Constitution de 1918* amendée. Aussi celle-ci disposa-t-elle au premier alinéa de son article 100 que « la Chambre des Députés accuse le Président et le traduit devant le Sénat pour cause de haute trahison ou de tout autre crime ou délit commis dans l'exercice de ses fonctions », puis établit au deuxième et au troisième alinéas du même article que ladite Chambre « accuse également : les Secrétaires d'État en cas de malversation, de trahison, d'abus ou d'excès de pouvoirs ou de tout autre crime ou délit commis dans l'exercice de leurs fonctions ; en cas de forfaiture, les membres du Tribunal de Cassation, de l'une de ses sections et de tout officier du Ministère public près le Tribunal de Cassation ». Tandis qu'elle ferma avec les dispositions du quatrième alinéa dudit article en consacrant que « la mise en accusation ne pourra être prononcée qu'à la majorité des deux tiers des membres de la Chambre. Elle les traduit en conséquence devant le Sénat érigé en Haute Cour de Justice [...] ».

Toujours convient-il de faire remarquer que le Conseil électoral permanent et l'Office protecteur du citoyen sont des créations de la *Constitution de 1987*, la Cour supérieure des comptes et du contentieux administratif celle de la *Constitution de 1957* et la Primature celle de la *Constitution de 1985* amendée, tandis que pour les départements ministériels, l'on parla le plus souvent de Secrétairerie d'État, le cas échéant confiée à un Secrétaire d'État (*ut supra* dans la *Constitution de 1918* amendée) auquel pourrait s'adjoindre un Sous-secrétaire d'État. En revanche, la *Constitution de 1987* amendée parle de ministre, auquel peut s'adjoindre un Secrétaire d'État. Telle est la précision qui s'imposait pour ne pas voir de grands écarts entre les dispositions en question, considérant que l'enjeu demeure les principes procéduraux ou les procédures principielles régissant ladite Cour.

L'article 321 *codé article 187* dispose que « les membres de la Haute Cour de Justice prêtent individuellement et à l'ouverture de l'audience le serment suivant : "Je jure devant Dieu et devant la Nation de juger avec l'impartialité et la fermeté qui conviennent à un homme probe et libre suivant ma conscience et mon intime conviction" ». Les dispositions relatives au serment à prêter, la *Constitution de 1987* amendée les hérite de la *Constitution de 1918* amendée qui, en la deuxième partie du troisième alinéa de son article 100, prévit : « À l'ouverture de l'audience, chaque membre de la Haute Cour de Justice prête le serment de juger avec l'impartialité et la fermeté qui conviennent à un homme probe et libre suivant sa conscience et son intime conviction. » Cela étant, seule ne manqua à la *Constitution de 1918* amendée la formulation canonique telle qu'en dispose celle de 1987 amendée.

Une autre étape de la présente *via crucis* consiste à souligner des modalités de ladite Cour où, *prima facie*, l'on retrouve l'article 322 *codé article 188* qui prescrit que « la Haute Cour de Justice, au scrutin secret et à la majorité absolue, désigne parmi ses membres, une commission chargée de l'instruction » et, *secunda facie*, l'article 323 *codé article 188-1* ordonnant que « la décision sous forme de décret est rendue sur le rapport de la Commission d'instruction et à la majorité des deux tiers (2/3) des membres de la Haute Cour de Justice ». Les sédiments de ces dispositions proviennent de la *Constitution de 1957*, en dépit des errances et des ambiguïtés que cèle celle-ci pour faire transmuter sa chambre unique à la fois en Assemblée législative et en Assemblée nationale. Cette dernière tient lieu de Haute Cour de Justice.

En effet, la *Constitution de 1987* amendée sous étude hérite les deux dispositions en question du quatrième alinéa de l'article 124 de la *Constitution de 1957* qui établit que « l'Assemblée Nationale, au scrutin secret, et à la majorité absolue, désigne le tiers de ses membres pour se charger de l'Instruction ou du Jugement de la poursuite. La condamnation prononcée doit être ratifiée par les deux tiers des membres de cette assemblée ». Cela dit, la *Constitution de 1987* amendée retraduit des dispositions qui résultent d'un héritage. Il ne les a ni inventées, ni importées comme le prétendraient les logomachies médiatiques des indigénistes folkloristes.

La suite de l'odyssée va à nouveau évoquer la majorité qualifiée des deux tiers comme réquisit. Aussi retrouve-t-on l'article 324 *codé article 189* qui dispose que « la Haute Cour de Justice ne siège qu'à la majorité des deux tiers (2/3) de ses membres ». S'il est un marqueur qui fasse l'unanimité dans toutes les constitutions qui disposent de la Haute Cour de Justice, c'est la majorité qualifiée des deux tiers. Pour illustration, il suffit de reprendre le sixième alinéa de l'article 100 de la *Constitution de 1918* amendée qui prescrivit que « nul ne peut être jugé ni condamné qu'à la majorité des deux tiers des membres du Sénat ». La *Constitution de 1987* amendée ne fait donc que s'établir sur le sol d'un héritage, attendu que ladite majorité a toujours été requise pour la mise en accusation des inculpés, pour la tenue de l'assemblée, ainsi que pour le jugement ou la prise de toute autre décision.

Une autre pierre milliaire indiquant le parcours de cette *via crucis* est d'une part la peine susceptible d'être prononcée où l'article 325 *codé article 189-1* dispose que la Haute Cour de justice « ne peut prononcer d'autre peine que la destitution, la déchéance et la privation du droit d'exercer toute fonction publique durant cinq (5) ans au moins et quinze (15) ans au plus » et d'autre part d'éventuelles peines qui peuvent s'y ajouter où l'article 326 *codé article 189-2* oblige que « toutefois, le condamné peut être traduit devant les tribunaux ordinaires, conformément à la Loi, s'il y a lieu d'appliquer d'autres peines ou de statuer sur l'exercice de l'action civile ». La *Constitution de 1987* amendée sous étude hérite les dispositions de ses deux articles de la *Constitution de 1918* amendée qui au cinquième alinéa de son article 100 établit que « la Haute Cour de justice ne pourra prononcer d'autre peine que la déchéance, la destitution et la privation du droit d'exercer toute fonction publique pendant un an au moins et cinq ans au plus ; mais le condamné peut être traduit devant les tribunaux ordinaires conformément à la loi, s'il y a lieu d'appliquer d'autres peines ou de statuer sur l'exercice de l'action civile ». Cela étant, il importe de faire remarquer que la *Constitution de 1987* amendée fait grimper la peine de la privation du droit d'exercer toute fonction publique de cinq à quinze ans, tandis que les autres dispositions restent les mêmes.

La dernière station de cette *via crucis* dans l'itinéraire de la Haute Cour de Justice interdit l'interruption du siège de cette Cour avant la fin de la procédure dans toute sa complexité. Aussi l'article 327 *codé article 190* prescrit-il que « la Haute Cour de Justice, une fois saisie, doit siéger jusqu'au prononcé de la décision, sans tenir compte de la durée des sessions du Corps législatif ». Les dispositions du présent article, la *Constitution de 1987* amendée les reprend de la *Constitution de 1918* amendée, après avoir procédé à une retraduction. Quitte à surligner le septième alinéa de l'article 100 de la *Constitution de 1918* amendée qui ordonna que « les limites prescrites à la durée des sessions du Corps Législatif [...] ne peuvent servir à mettre fin aux poursuites, lorsque le Sénat siège en Haute Cour de Justice ». Cela dit, en faisant l'assomption d'un héritage, la *Constitution de 1987* amendée n'invente ni n'importe, contrairement à ce que feraient prévaloir les indigénistes médiatico-folkloristes.

La sédimentation de cette dernière séquence met fin à l'analyse dans ses différentes composantes. Il ne serait toutefois pas incongru de passer en revue tous les titres de la constitution sous étude, mais il n'est pas nécessairement requis, attendu que les préjugés médiatiques que font prévaloir les indigénistes folkloristes s'accentuent particulièrement sur le titre V portant sur la souveraineté nationale dont la concrétion s'opère dans la délégation à trois Pouvoirs : le Pouvoir législatif, le Pouvoir exécutif et le Pouvoir judiciaire. Là encore, le *hic* qui nourrit quotidiennement le folklorisme médiatique réside dans le Pouvoir exécutif et le Pouvoir législatif d'une part et dans la relation institutionnelle qu'ils se doivent d'entretenir de l'autre. *Instabilis tellus, innabilis unda.* Les prétentions selon lesquelles l'Autre, l'étranger, l'impur aurait imposé le dictat d'une démocratie républicaine à Haïti par le biais de la constitution où, le cas échéant, celle-ci correspondrait à une importation pure et simple, n'ont que le Pouvoir exécutif et le Pouvoir législatif dans leur lorgnette, sans donc oublier le mode de scrutin pour y parvenir. En outre, la plupart des préjugés que font prévaloir les mêmes indigénistes folkloristes pour tenter de faire passer cette même constitution pour un produit sans précédent dans l'histoire d'Haïti, le cas échéant une invention de 1987, prennent leur source dans le chapitre traitant entre Charybde et Scylla les collectivités territoriales édulcorée du mythe de la décentralisation d'une part et auréolée du mythe du développement de l'autre.

CONCLUSION

La présente archéologie appréhende la déchéance et le mal-être que véhiculent les indigénistes haïtiens par le biais des médias sous le terme de folklorisme médiatique. En effet, les médias sont des démiurges générateurs de chimères. Janus à double visage, les médias sont à même d'orchestrer au prix d'un vacillement entre Charybde et Scylla le double jeu où s'emmêlent fonctionnement et fiction. Les médias, rappelle Philippe Marion, concourent à la genèse de « leurs propres chimères et *fictionnent* autant qu'ils *fonctionnent*[49] ». Ce qui porte Patrick Charaudeau à souligner que « *les médias ne transmettent pas ce qui se passe dans la réalité sociale*, ils imposent ce qu'ils construisent de l'espace public[50] ». Dit autrement, faire-voir, faire-entendre, faire-croire et faire-rêver, tels sont les marqueurs symptomatiques du vrai jeu médiatique.

Pour sa part, Jean-Marc Ferry dira que « l'organisation médiatique de nos espaces publics détourne la raison publique de buts réellement critiques, lorsqu'elle ne vise plus qu'à satisfaire des réclamations immédiates en imposant une déflation des formes élevées : célébrations du concret et du spontané, impératif du message clair et bref, exigence de redondance sur les clichés antérieurs,

---

[49] Philippe MARION, « Narratologie médiatique et médiagénie des récits », *in Le récit médiatique, Recherches en Communication*, n° 7, 1997, pp. 61-87*op. cit.*, p. 78. Thèse reprise également chez Luné Roc PIERRE LOUIS, cf. *Oralité et récit médiatique. Les dédales du personnage Duvalier dans les méandres du kairos*, *op. cit.*, p. 67.

[50] Patrick CHARAUDEAU, *Les médias et l'information. L'impossible transparence du discours*, Bruxelles, De Boeck/INA, « Médias recherche », deuxième édition, 2011, p. 12. Les italiques sont de l'auteur.

excitation interactive des humeurs braillardes, consensus de plateau où la stigmatisation de la langue de bois sert à couvrir une haine de la réflexion[51] ». En d'autres termes, les médias par le biais de leur *λόγος* (logos) consacrent tant la fixion des fictions et des chimères que la consolidation des amalgames. L'enjeu est qu'une telle consécration porte préjudice aux exigences d'un principe de pertinence pour la référence à quelque chose dans le monde objectif, d'un principe de reconnaissance pour l'adresse à quelqu'un dans le monde social et d'un principe de responsabilité pour l'engagement de soi dans le monde subjectif.

Mutatis mutandis, il incombe de rappeler que la présente archéologie, quant à elle, s'évertua à scruter le folklorisme médiatique en Haïti sous les diverses métamorphoses de la langue de bois (xylolalie ou xyloglossie) que les indigénistes haïtiens font prévaloir à l'égard de la *Constitution de 1987* amendée. *Instabilis tellus, innabilis unda*, le double préjugé consistant à dire que cette constitution serait à la fois un produit importé d'un Autre et une invention sans précédent dans l'histoire de la formation sociale haïtienne orienta successivement les sédimentations de cette archéologie. *In globo*, le double préjugé suit la voie stygienne d'un double jeu. Le double jeu où le folklorisme alimente le menu quotidien des médias du fait même que ceux-ci facilitent le déferlement des chamailleries logomachiques des indigénistes folkloristes.

Pourtant, les sédimentations de la présente archéologie révèlent que la *Constitution de 1987* amendée est loin d'être un Frankenstein dérivant de l'euphorie et des émotions comme le tintinnabulent trombones, cornets et tubas des fanatistes indigénistes. Déclarer à tout-va que la

---

[51] Jean-Marc FERRY, *Les grammaires de l'intelligence*, Paris, Cerf, « Passages », 2004, p. 208 *et passim*.

Constitution de 1987 toutes versions confondues est source d'instabilité politique et le cas échéant la présenter comme si elle était crisogène n'est que pur préjugé. Débiter de telles logomachies, c'est aller à vau-l'eau, c'est partir en jus de boudin. *A fortiori*, un tel mal-être trahit l'ignorance, le ressentiment et le cynisme que cèle l'indigénisme, surtout dans sa déliquescence où elle se métamorphose en folklorisme médiatique. Les folkloristes parlent de la *Constitution de 1987* amendée en vigueur sans prendre le moindre soin de se documenter sur les constitutions la précédant pour ne pas dire qu'ils ne se livrent qu'à une lecture fragmentaire et circonstancielle de telles ou telles dispositions, sans se donner la peine de lire ladite constitution (*Constitution de 1987* amendée) dans sa version pleine et entière.

En effet, rarissimes sont les dispositions de la *Constitution de 1987* amendée qui ne proviennent de l'une ou l'autre des 21 constitutions dont fit l'expérience la formation sociale haïtienne à travers son histoire, si bien qu'il ne serait pas incongru de soutenir la thèse selon laquelle les constituants quatre-vingt-septards auraient pu proposer à la communauté politique haïtienne l'amendement de la *Constitution de 1843* tout en l'adaptant aux exigences et aux vœux de l'ère que scella l'an 1987. De toute façon, celle-ci s'accuse comme étant leur référence première, leur *punctum Archimedis*.

Autant dire qu'il ne valut guère force d'obligation pour la création d'une nouvelle constitution, comme il n'en a jamais été question à compter de l'adoption de la *Constitution de 1846*. L'enjeu est que les constitutions ne revêtent ni puissance démiurgique ni vertu prométhéenne pour s'auto-appliquer. Prétendre le contraire, c'est choisir de danser sur un volcan pour mieux s'enliser dans les arcanes des apories abyssales. *Instabilis tellus, innabilis unda*. La *Constitution de 1987*, comme il en fut pour autant d'autres, n'ont jamais eu le privilège d'être foncièrement mis en application avant de faire l'objet d'un amendement. Tout se passe comme si la constitution constituait, *per se*, la cause des malheurs, celle empêchant irrémédiablement la concrétion de tout rêve prométhéen susceptible de faire transmuter Haïti en un eldorado.

Pourtant, ce qui se révèle pervers est l'ensemble des errances que cèle ce que la présente archéologie appréhende sous le phénomène du bonapartisme. L'absence d'application concrète de la constitution étant une forme d'expression du bonapartisme et c'est ce qui pose effectivement problème. Expression de l'autoritarisme, chaque acteur politique voire chaque acteur médiatique entend imposer ses propres caprices comme constitution. Tel est l'enjeu que sous-tendent les tentatives de délégitimation à l'égard de la *Constitution de 1987* amendée.

Dès lors, se pose le questionnement suivant. Mise à part l'effectivité de la bicéphalité dans l'exercice du Pouvoir exécutif, combien d'institutions de médiation républicaine fondamentalement importantes prévues par ladite constitution toutes versions confondues ont-elles été érigées ? Combien de lois d'application prévues ont-elles été créées ou adoptées ? Combien de lois d'application adoptées au Parlement ont-elles été mises en application ? Combien de fois les échéances politiques prévues ont-elles été respectées ?

Autant de biais que la présente étude retrace dans les logomachies médiatiques que les indigénistes folkloristes font prévaloir, *urbi et orbi*, à tort et à travers. Nulle constitution ne saurait être qualifiée de crisogène. Les constitutions ne génèrent ni crise, ni une quelconque instabilité. Il y va de la *Constitution de 1987*, toutes versions confondues. Les crises ne sont pas non plus anhistoriques, elles sont leurs causes et celles-ci sont à chercher dans les artères, les veines et les capillaires mêmes de la formation sociale ou de la communauté politique en question, tant du point de vue interne que du point de vue externe.

Le folklorisme médiatique, l'indigénisme, le bonapartisme étant autant de formes d'expression de telles crises, autrement dit celles-ci consacrent ceux-là. *In fine*, il ne sera pas incongru d'avancer la thèse selon laquelle l'Haïti de la conjoncture de la rédaction du présent exposé reste et demeure une terre très fertile génératrice de problèmes voire de crises de divers types, mais parmi tous les problèmes imaginables auxquels elle peut faire face, elle n'a nul problème de constitution.

Toutefois, si tant est qu'il faille retirer la constitution dans les abysses des *quiproquos* et des ambiguïtés qui prévalent dans les séquences sur les collectivités territoriales tous niveaux confondus et le cas échéant procéder à la correction de toutes les apories – y compris les dispositions qui ne sont pas à leur juste place – que la présente archéologie permet de mettre à nu, un nouvel amendement finira par s'imposer, attendu que le moindre changement à réaliser ne peut que faire l'objet d'un amendement. Mais vouloir le retour à un régime présidentiel, vouloir le monocaméralisme, vouloir toute autre forme de *statu quo ante* ou vouloir faire l'expérience du fédéralisme ou de tout autre type de régime est une autre paire de manches.

RÉFÉRENCES BIBLIOGRAPHIQUES

ARENDT, Hannah. *Du mensonge à la violence. Essai de politique contemporaine*, traduction de Guy Durand, Paris, Calmann-Lévy, « Agora », 1972 (1969.

BERLIN, Isaiah. *Le bois tordu de l'humanité. Romantisme, nationalisme et totalitarisme*, traduction de Marcel Thymbres, Paris, Albin Michel, 1992 (1959).

BOUTMY, Émile. *Études de droit constitutionnel : France, Angleterre, États-Unis*, Paris, Plon, 1885.

C3 ÉDITIONS. *Constitution de la République d'Haïti de 1987* (version contenant des dispositions amendées), Delmas, 2015.

CHARAUDEAU, Patrick. *Les médias et l'information. L'impossible transparence du discours*, Bruxelles, De Boeck/INA, « Médias recherche », deuxième édition, 2011.

CLAISSE, Frédéric. COUNET, Maxime. VERJANS, Pierre. *Introduction aux doctrines et aux idées politiques*, Louvain-la-Neuve, De Boeck, « De Boeck Supérieur », 2017. LEVINAS, Emmanuel. *Totalité et infini. Essai sur l'extériorité*, Paris, « Le livre de poche », 2009 (1961).

ÉDITIONS FARDIN. *Deux siècles de Constitutions Haïtiennes 1801-1987* (Compilation), Pétionville, 2010.

FERRY, Jean-Marc. *Les grammaires de l'intelligence*, Paris, Cerf, « Passages », 2004.

FERRY, Jean-Marc. *Les puissances de l'expérience. Essai sur l'identité contemporaine. Tome II : Les ordres de la reconnaissance*, Paris, Cerf, « Passages », 1991.

FERRY, Jean-Marc. *Les puissances de l'expérience. Essai sur l'identité contemporaine. Tome I : Le sujet et le verbe*, Paris, Cerf, « Passages », 1991.

HERDER, Johann Gottfried von. *Une autre philosophie de l'histoire pour contribuer à l'éducation de l'humanité. Contribution à beaucoup de contributions du siècle*, traduction française avec introduction de Max Rouché, Paris, Aubier-Montaigne, collection bilingue (allemand et français), 1964 (1774).

JANVIER, Louis Joseph. « Considérations sur les amendements constitutionnels », *in Deux siècles de Constitutions Haïtiennes 1801-1987*, Éditions Fardin, Pétionville, 2010.

JANVIER, Louis Joseph. « Plaidoyer pour la jeunesse et les luttes politiques », *in Deux siècles de Constitutions Haïtiennes 1801-1987*, Éditions Fardin, Pétionville, 2010.

LIBER PROVERBIORUM, *Biblia Sacra*, Vulgatae Editionis, Roma, 1914 (MCMXIV).

LITS, Marc. « Le récit médiatique : un oxymore programmatique ? », *in Le récit médiatique*, *Recherches en communication,* n°, 1997, pp. 37-39.

LITS, Marc. *Du récit au récit médiatique*, Bruxelles, De Boeck, « Infocom », 2008.

MANIGAT, Mirlande Hyppolite. MOÏSE, Claude. BONNEAU, Lemoine. *Le Parlement haïtien. Deux siècles d'histoire : le Sénat de la République*, Port-au-Prince, Imprimerie Brutus, 2014. MARION, Philippe. « Narratologie médiatique et médiagénie des récits », *in Le récit médiatique, Recherches en Communication*, n° 7, 1997, pp. 61-87.

MATTHEUM (*Sanctum Iesu Christi Evangelium secundum*), *Biblia Sacra*, Vulgatae Editionis, Roma, 1914 (MCMXIV).

PIERRE LOUIS, Luné Roc. « Discours journalistique et pragmatique du discours politique. Le cas du journal Le matin », *in Recherches en Communication*, décembre 2014, N° 39, pp. 183-196.

PIERRE LOUIS, Luné Roc. *Communication et espace public. Une reconstruction à travers l'espace public politique haïtien*, Louvain-la-Neuve, PUL, 2012.
PIERRE LOUIS, Luné Roc. *Habermas et Haïti. Prolégomènes à une sémantique politique*, Port-au-Prince, Media-Texte, 2014.
PIERRE LOUIS, Luné Roc. *Mythologie positiviste et cancérisation épistémologique. Une archéologie des impostures méthodologiques*, avec *additamentum* : *Une réflexion sur la norme de référence bibliographique ISO 690 Z 44-005*, Paris, L'Harmattan, « Questions contemporaines », 2016.
PIERRE LOUIS, Luné Roc. *Oralité et récit médiatique. Les dédales du personnage Duvalier dans les méandres du kairos*, Port-au-Prince, Média-Texte, 2015.
RICŒUR, Paul. *Soi-même comme un autre*, Paris, Seuil, 1990.

TABLE DES MATIÈRES

INTRODUCTION... 9
Chapitre I
DE LA TRAJECTOIRE STYGIENNE
DU FOLKLORISME MÉDIATIQUE........................ 15
Chapitre II
LA CONSTITUTION DE 1987 FACE À L'APORIE
DES PRÉJUGÉS INDIGÉNISTES........................ 21
Chapitre III
LA CONSTITUTION DE 1987 AMENDÉE
ET SES ANCÊTRES.. 31
Chapitre IV
LA CONSTITUTION DE 1987 AMENDÉE
DANS SES DISPOSITIONS............................... 35
DIGRESSION SUR LA GRILLE D'ANALYSE
DU CORPUS DE LA CONSTITUTION
DE 1987 AMENDÉE.. 45
CONCLUSION.. 193
RÉFÉRENCES BIBLIOGRAPHIQUES................ 199

HAÏTI

AUX ÉDITIONS L'HARMATTAN

Dernières parutions

PAPA LOKO ET LE VENT ET BRÈCHE LE PAPILLON - PAPA LOKO SE VAN E BRÈCH SE PAPIYON

Illustrations : Sess - Traduction créole : Mackenzie Détournelle - Texte : Joseph Jude

Conte inspiré d'un chant traditionnel haïtien qui raconte l'amitié d'un papillon et d'un vent appelé Papa Loko. (Illustrations en couleurs). A partir de 6 ans. Ouvrage avec CD audio.

(Coll. Contes des quatre vents, 24 p., 13,5 euros)

ISBN : 978-2-343-07668-3, EAN EBOOK : 9782336398266

RENÉ DEPESTRE

Du chaos haïtien à la tendresse debout

Sous la direction de Frantz-Antoine Leconte

La mondialisation a forcé René Depestre à vivre dans une perspective d'élargissement et à forger des outils efficaces de résistance. Son caractère libre, solitaire et optimiste a su lui construire une solution originale, un habitat sans race, nationalité, frontières, blanc, étranger, noir et autres mythes qui avilissent la prodigieuse pluralité de notre univers. Depestre, à travers son oeuvre et ses choix de vie, se propose de contribuer à la naissance d'une identité-monde, afin de pouvoir intégrer avec civisme et amour la terre-patrie.

(Coll. Espaces Littéraires, 272 p., 28 euros)

ISBN : 978-2-343-05135-2, EAN EBOOK : 9782140000720

LA RECONSTRUCTION D'HAÏTI

L'extrême pauvreté : un enjeu fondamental

Nouvelle édition

Jean Gédéon

Fondateur et directeur du Centre d'analyse et de recherche en droits de l'homme (CARDH), Jean Gédéon propose une nouvelle version de cet ouvrage, publié en 2011 (L'Harmattan). L'auteur soutient qu'Haïti ne peut pas emboîter le pas vers un État de droit, une société démocratique et le développement durable si la situation d'extrême pauvreté qui y installe sa « dictature » n'est pas identifiée comme un enjeu majeur.

(188 p., 19 euros)

ISBN : 978-2-343-02516-2, EAN EBOOK : 9782336336442

LE DÉVELOPPEMENT ENDOGÈNE
Le cas d'Haïtï de 2000 à 2010

Oriol Deshommes

Ces travaux de recherche formulent une perspective réaliste et objectiviste en matière de développement endogène, qui est la valorisation des ressources naturelles disponibles localement et la territorialisation des activités sans acculer la globalisation. Cet ouvrage traite également des problèmes auxquels les pays du monde font face, expose les obstacles endurés par les pays en voie de développement et les pays moins avancés en matière de libéralisation du commerce mondial. Haïti est pris comme pays de référence parce qu'il est quasi vierge en matière d'inverstissement.

(298 p., 31 euros)

ISBN : 978-2-343-01982-6, EAN EBOOK : 9782336344546

ENSEIGNER EN HAÏTI
Enquête sociologique sur un système lacunaire

René Saurel Édouard

Préface de Gilles Lecoq

Cet ouvrage analyse les résultats d'une recherche réalisée dans quarante écoles haïtiennes et montrent que, globalement, le système scolaire haïtien souffre de plusieurs maux défavorables à l'optimisation du capital humain des élèves. Des efforts sont certes réalisés par l'État pour offrir aux jeunes générations une éducation de qualité. Mais de fortes lacunes demeurent, principalement en matière de régulation du système, de qualité des services éducatifs et d'égalité des chances scolaires.

(264 p., 25 euros)

ISBN : 978-2-343-15351-3, EAN EBOOK : 9782140098055

RETROUVAILLES SANS LENDEMAIN
Roman

Yves Antoine

"Retrouvailles sans lendemain" retrace le parcours de trois anciens lycéens intimement liés par leurs souvenirs d'école. À travers le récit de leur vie se dessinent trois visions différentes du monde, et l'image toujours écorchée d'Haïti à l'étranger. Ce roman sur l'amitié et le temps nous révèle un côté mystérieux de l'existence. Empreint d'une légère mélancolie, il enchante par sa fraîcheur et sa sensibilité.

(Coll. Lettres des Caraïbes, 124 p., 14 euros)

ISBN : 978-2-343-13420-8, EAN EBOOK : 9782140051012

RETOUR AU PAYS NATAL
Haïti, Petit-Goâve

Mario Blaise

Après des décennies d'absence, Mario Blaise retourne en Haïti et se trouve devant une bien triste réalité : le temps a vraiment tout balayé et les événements qui ont frappé le pays n'ont rien arrangé. La découverte de ce monde perdu changera-t-elle son attitude envers son propre passé ? Arrivera-t-il à se libérer, à s'échapper de sa petite enfance et de Petit-Goâve ? A-t-il une nouvelle identité ?

(Coll. Graveurs de Mémoire, 160 p., 16,5 euros)

ISBN : 978-2-336-29172-7, EAN EBOOK : 9782296530348

CHRONIQUES D'UN OISEAU BLESSÉ

Le journal de Leslie

Lovely MERONE

Leslie May grandit au sein d'une famille modeste, entourée de ses soeurs, surprotégée par sa mère avenante et son père excessif. Jeune fille croyante et chaste, elle brille de talents :elle chante depuis l'enfance et sa mère nourrit de grands projets pour elle. Leslie retrouve Denis, son amour d'enfance avec lequel elle entretien une relation tumultueuse qui la conduit vers sa nouvelle destinée. Elle tombe sous l'emprise d'une secte qui bouleverse son existence.

(Coll. Les Impliqués, 88 p., 12 euros)

ISBN : 978-2-343-13386-7, EAN EBOOK : 9782140050305

INSOUCIANCE DU PAPILLON

Marisa Checa Molina

Il est rare de trouver un récit sur Haïti qui remonte à l'Afrique de l'ouest du XVIIIème siècle. Et ce qui correspond à la tragédie d'Haïti, convient tout aussi bien à tant d'autres contrées où l'Histoire semble avoir oublié le bonheur de ses enfants. Pour composer ce récit, l'auteure a puisé ses sources chez les plus éminents ou les plus humbles acteurs de la vie Haïtienne, aujourd'hui comme hier, avec une plume qu'elle trempe dans une subtile poésie.

(Coll. Les Impliqués, 208 p., 21 euros)

ISBN : 978-2-343-02532-2, EAN EBOOK : 9782336343075

LE CRÉOLE HAÏTIEN : DESCRIPTION ET ANALYSE

Sous la direction de Renauld Govain

Cet ouvrage en deux parties aborde en premier lieu les aspects syntaxiques et phonologiques du créole haïtien. La deuxième partie prend en compte les aspects lexico-sémantiques. Ce livre inaugure une série de publications consacrée à l'analyse et la description du créole haïtien.

(234 p., 23,5 euros)

ISBN : 978-2-343-13655-4, EAN EBOOK : 9782140054440

LES PROCESSUS DE RECONFIGURATION DANS L'ART CARIBÉEN

Guadeloupe, Haïti, Jamaïque

José Lewest

Cet ouvrage offre une lecture particulière de l'art caribéen au travers d'une ouverture comparative à l'ensemble de la région, en associant les pratiques des pays des Petites et Grandes Antilles : Guadeloupe, Haïti et Jamaïque, sur une temporalité élargie et dans une vision plus globale que d'habitude. Une telle approche d'harmonisation vise l'optimisation de la perception et de la compréhension de l'âme de la création caribéenne. Elle a aussi pour projet un réajustement de la position de l'art de la Guadeloupe.

(Coll. Les Arts d'ailleurs, 266 p., 26,5 euros)

ISBN : 978-2-343-11142-1, EAN EBOOK : 9782140029646

TROUBLES DU LANGAGE, LANGUE D'ENSEIGNEMENT ET RENDEMENT SCOLAIRE

Essai de diagnostic du système éducatif haïtien

Sous la direction de Rochambeau Lainy

Des dispositions sont adoptées en vue de réduire le taux de déperdition scolaire et d'améliorer la qualité de l'enseignement à l'école haïtienne. La problématique de la langue d'enseignement et la faiblesse du système éducatif haïtien sont connues, mais la situation des enfants souffrant des troubles socio-affectifs et langagiers n'est pas prise en compte. La pédagogie est donc inefficace et le système d'enseignement encourage la stigmatisation et la fragilisation.

(Coll. Enfance éducation et société, 264 p., 27 euros)

ISBN : 978-2-343-10955-8, EAN EBOOK : 9782140030871

MARILISSE : ROMAN HAÏTIEN

Frédéric Marcelin

Présentation de Michèle U. Kenfack

Marilisse (1903) est en quelque sorte le « petit poucet » de la trilogie romanesque de Frédéric Marcelin, évoluant depuis sa parution dans l'ombre de Thémistocle Épaminondas Labasterre et La Vengeance de Mama. Négligé jusqu'ici par la critique, ce troisième roman vaut pourtant le détour. Marcelin se penche ici sur le quotidien des petites gens, parmi lesquels labeur et entraide font ofifce de loi. Il invite à découvrir Marilisse, sa « Vénus noire », qui navigue avec beaucoup de grâce et d'abnégation dans les eaux troubles de la malchance et du malheur. On découvre ainsi tout un pan de la société haïtienne peu connu, ici représenté avec brio et inventivité.

(Coll. Autrement Mêmes, 190 p., 24 euros)

ISBN : 978-2-343-09901-9, EAN EBOOK : 9782140016028

LES RÉSEAUX DE MIGRANTS HAÏTIANO-GUYANAIS DANS L'ESPACE AMÉRICAIN

Zéphirin Romanovski

Préface de Hervé Domenach

Des facteurs démographiques, sociaux, économiques, politiques et spatio-environnementaux poussent des Haïtiens à émigrer dans toutes les directions du continent américain. Ainsi, la Guyane française, en fait-elle partie. Au début des années 1970, ils y ont constitué un réseau de travailleurs migrants temporaires. Après plusieurs décennies, et avec leurs stratégies d'intégration au pays d'accueil, une partie des pionniers devient entrepreneurs. Des associations se forment et dépassent les logiques communautaires pour embrasser des revendications sociales impliquant un militantisme sociopolitique bi-national au niveau local.

(Coll. Questions contemporaines, 314 p., 32 euros)

ISBN : 978-2-343-08862-4, EAN EBOOK : 9782140021497

Structures éditoriales du groupe L'Harmattan

L'Harmattan Italie
Via degli Artisti, 15
10124 Torino
harmattan.italia@gmail.com

L'Harmattan Hongrie
Kossuth l. u. 14-16.
1053 Budapest
harmattan@harmattan.hu

L'Harmattan Sénégal
10 VDN en face Mermoz
BP 45034 Dakar-Fann
senharmattan@gmail.com

L'Harmattan Cameroun
TSINGA/FECAFOOT
BP 11486 Yaoundé
inkoukam@gmail.com

L'Harmattan Burkina Faso
Achille Somé – tengnule@hotmail.fr

L'Harmattan Guinée
Almamya, rue KA 028 OKB Agency
BP 3470 Conakry
harmattanguinee@yahoo.fr

L'Harmattan RDC
185, avenue Nyangwe
Commune de Lingwala – Kinshasa
matangilamusadila@yahoo.fr

L'Harmattan Congo
67, boulevard Denis-Sassou-N'Guesso
BP 2874 Brazzaville
harmattan.congo@yahoo.fr

L'Harmattan Mali
Sirakoro-Meguetana V31
Bamako
syllaka@yahoo.fr

L'Harmattan Togo
Djidjole – Lomé
Maison Amela
face EPP BATOME
ddamela@aol.com

L'Harmattan Côte d'Ivoire
Résidence Karl – Cité des Arts
Abidjan-Cocody
03 BP 1588 Abidjan
espace_harmattan.ci@hotmail.fr

L'Harmattan Algérie
22, rue Moulay-Mohamed
31000 Oran
info2@harmattan-algerie.com

L'Harmattan Maroc
5, rue Ferrane-Kouicha, Talaâ-Elkbira
Chrableyine, Fès-Médine
30000 Fès
harmattan.maroc@gmail.com

Nos librairies en France

Librairie internationale
16, rue des Écoles – 75005 Paris
librairie.internationale@harmattan.fr
01 40 46 79 11
www.librairieharmattan.com

Librairie l'Espace Harmattan
21 bis, rue des Écoles – 75005 Paris
librairie.espace@harmattan.fr
01 43 29 49 42

Lib. sciences humaines & histoire
21, rue des Écoles – 75005 Paris
librairie.sh@harmattan.fr
01 46 34 13 71
www.librairieharmattansh.com

Lib. Méditerranée & Moyen-Orient
7, rue des Carmes – 75005 Paris
librairie.mediterranee@harmattan.fr
01 43 29 71 15

Librairie Le Lucernaire
53, rue Notre-Dame-des-Champs – 75006 Paris
librairie@lucernaire.fr
01 42 22 67 13

www.ingramcontent.com/pod-product-compliance
Lightning Source LLC
LaVergne TN
LVHW010931061026
849535LV00007B/2342